U0742568

激励员工

5招点燃员工的“事业心”

任康磊——著

人民邮电出版社
北京

图书在版编目（CIP）数据

激励员工 : 5招点燃员工的“事业心” / 任康磊著
. -- 北京 : 人民邮电出版社, 2023.5
ISBN 978-7-115-60607-5

Ⅰ. ①激… Ⅱ. ①任… Ⅲ. ①企业管理－人事管理－激励 Ⅳ. ①F272.92

中国国家版本馆CIP数据核字(2023)第031354号

内容提要

本书内容涵盖小团队实施人才激励的各模块，以实际场景和应对策略为背景，介绍小团队管理者在实施人才激励过程中经常遇到的问题、用到的方法工具和能有效解决问题的应用解析。本书分成7章，主要内容包括正确认知激励，保障持久激励人才的方法；系统实施激励的工具——“任三角”；有效实施物质激励的方法；正确实施精神激励的方法；合理实施正负激励的方法；实施目标激励的方法；促进员工自我激励的方法。

本书采取图解的形式，通俗易懂、贴近实战，工具和方法丰富，适合企业各级管理者、各类团队管理者阅读，也适合创业者、中小企业主、管理咨询师、人力资源管理各级从业人员、培训师或培训工作从业者、管理类相关专业在校生以及所有对人才激励方法感兴趣的人员阅读。

◆ 著　　　　任康磊
责任编辑　刘　姿
责任印制　周昇亮

◆ 人民邮电出版社出版发行　　北京市丰台区成寿寺路 11 号
邮编　100164　　电子邮件　315@ptpress.com.cn
网址　https://www.ptpress.com.cn
大厂回族自治县聚鑫印刷有限责任公司印刷

◆ 开本：880×1230　1/32
印张：7.75　　　　2023 年 5 月第 1 版
字数：151 千字　　　2023 年 5 月河北第 1 次印刷

定价：59.80 元

读者服务热线：(010)81055296　印装质量热线：(010)81055316
反盗版热线：(010)81055315
广告经营许可证：京东市监广登字 20170147 号

前言

人才激励很难吗？

往大了说，确实不容易，人才激励是一整套系统，团队管理者既要考虑一时的激励，也要考虑长久的激励；既要考虑对个体的激励，也要考虑对群体的激励；既要考虑单点的激励，也要考虑全局的激励。

往小了说，其实也不难，团队管理者只要掌握了人才激励的基本原理，有时候只需要做出一点小小的改变，就能达到人才激励的效果。

人才激励需要金钱支持吗？钱越多，人才激励效果就越好吗？

金钱是激励的基础，可如果只有金钱，不懂方法，可能花 1 000 元连 500 元的效果都达不到；如果掌握激励的方法和技巧，花 500 元就能产生超过 1 000 元的激励效果。

笔者做咨询项目时，曾经和某公司总经理聊起员工激励的话题。这位总经理觉得员工没有活力，他原本以为引入绩效管理后，能激发员工活力，结果发现根本没用。聊到福利时，笔者随口问他：公司是如何给员工设置福利的？

这家公司属于传统产业，中规中矩。据总经理说，员工福利主要在每年端午、中秋和春节发放，平均每个节日给每位员工发 600 元福利费，这些钱会随着过节当月工资统一发到员工的工资卡里。当然，干部还有些额外福利，一般是体检项目或节日礼盒。

笔者说：“我可以让你公司平均每个节日每个员工的福利费降到 500 元，却能达到超过 1 000 元的效果。”

笔者的方案是：不把福利费随工资一起发到员工的工资卡，而是把这些钱变成 3 ~ 5 种可供员工选择的耐用品，例如豆浆机、微波炉、蚕丝被、电饭锅、压力锅或当前最新款的小家电。

1. 选择创造话题

当人们面临选择时，记忆保持的时间会更长，感受会更深刻。有选择，意味着有纠结。这种纠结对员工福利来说不是坏事。因为纠结，员工想的就更多。员工想得越多，印象就越深刻，感受也越深刻。

例如发放福利时，让员工可以在豆浆机、微波炉和蚕丝被 3 者中选一样。员工会怎么做呢？员工通常会先问问家人的意见。这时，个体的选择就变成了家庭的选择。选择的过程一旦落到家庭层面，将产生大量的话题和交流。

员工很可能会找自己的父母、夫妻、子女商量，哪个物品是当前家里最缺的，哪个对家庭来说最有价值。如果家里不缺，可能想到某个亲戚、朋友家里还缺什么，正好走亲访友的时候用得上。

有选择，同样意味着有遗憾。员工选择了 A，就意味着要放弃

B。遗憾虽然很多时候是负面情绪，但在员工福利中，遗憾能够给人们带来一种强烈且持久的感受。这种感受并不是负面的，因为员工可以在下个节日再选别的物品。而这也恰好是这种福利机制想要达到的效果——创造话题，形成盼头。

在接受别人礼物这件事上，人人都喜欢做选择。这就像在过母亲节前，不知道该给母亲送什么，可以问母亲的意见，让她在几种商品中选择一个。虽然这样做大部分情况下得到的回答是“不用了”。但作为母亲，不论她怎么说，心里一定是非常高兴的。

让员工自主选择福利，会让员工感觉到被尊重和重视。在福利选择中，员工会觉得公司理解自己，同时给了自己充分的自由和机会。这种方式和被动发钱不一样，员工选择福利时会积极主动参与，会体验到自己的决定带来的感官上的直接反馈，具有游戏化的体验以及趣味感。

2. 耐用注定难忘

福利费如果随工资直接发放到员工的工资卡中，员工的内心很难产生较大波澜。员工会觉得只是多发了一点工资，会有一种“理所应当”的感觉。

逢年过节时，员工会有大量消费需求。如果把福利费直接和工资一起发到卡里，确实可以满足员工的消费需求，但员工拿着多发的福利费购物，不会觉得商品是用福利费买的，相当于公司发的福利，而会觉得这是用自己的工资买的，属于日常消费。

尤其是如今人们很少使用现金，金钱对大多数人来说只是数字概念。和当月的工资数字比起来，福利费只是数字上多了一点，不会让员工产生深刻的记忆和感受。

所以把福利费随工资直接发放到工资卡中，是一种平淡如水的做法。相比之下，以红包的形式发放现金，效果会好一些，但也只是“以五十步笑百步”，没有根本上的区别。

当把物品作为福利时，员工每次使用这个物品，都能想到这是公司的福利。就算不使用，无意中瞥见这个物品，也能在潜意识起到提醒的效果。

如果福利选择耐用品，最好选择当下最新产品，比如那些具备最新技术或最新概念的产品。原因一是这些产品员工家中可能还没买，同时又有购买的冲动；原因二是这类产品往往具备比较强的话题性，也便于员工使用之后作为话题传播。

当有亲戚、朋友到员工家做客，看到这款最新产品，很可能会因此打开聊天话题。这时员工可以自豪地与朋友聊，也会顺便告诉亲戚、朋友这是公司的福利。

当然，福利物品不一定非要是耐用品，也可以是米面粮油等生活必需的消耗品。如果福利发放的时间间隔比较长，耐用品更好；如果福利发放的时间间隔较短，可以选择生活必需的消耗品。

3. 团购降低成本

给员工的福利物品，属于大宗团购，因为量大，所以找商超或供应商谈价格时，会有比较大的议价空间。如果量足够大，甚至可以找厂家拿货，价格更低，还可以做成定制款。一件零售价 600 多元的商品，购买价格很可能谈到 500 元左右。

这样做公司能节省成本，而节省下来的这部分成本，公司可以将其转化成其他的福利形式回馈给员工。这样一来，员工获得的福利形式丰富了，福利内容增加了，员工满意度也将增加。

一件小小的福利设计，其中包含了大大的激励学问。团队管理者掌握了人才激励的方法和技巧，就能轻松地将人才激励融入日常工作中的每个决策。

人才激励的对象是人。既然是人，就存在很大的变数。人生活在群体里，生活在环境下，生活在资源中。有效的人才激励不仅是对个体的激励，还应是对群体的激励；不仅是微观的激励，还应是宏观的激励；不仅是单点的激励，还应是全面的激励。

针对很多管理者做不好人才激励的问题，笔者以亚伯拉罕·马斯洛（Abraham H. Maslow）的需求层次理论、弗雷德里克·赫茨伯格（Fredrick Herzberg）的双因素激励理论、维克托·弗鲁姆（Victor H. Vroom）的效价期望理论、约翰·斯塔希·亚当斯（John Stacey Adams）的比较理论、爱德华·劳勒（Edward E. Lawler）和莱曼·波特（Lyman Porter）的综合激励理论等为理论基础，以多年的实战和咨询经验为实践依据，总结出了一整套人才激励的工具和方法。

本书中介绍的人才激励方法论包括从宏观到微观、从全局到个体、从资源到环境。

针对很多小团队管理者不懂如何激励人才，笔者总结了自己曾经辅导某公司实施人才激励的过程，并且根据人才激励时经常出现的实际问题及其解决方案，总结了实战中上手简单、实用方便又能落地的各类方法和工具。

为便于读者快速阅读、理解、记忆并应用，本书对问题场景、实用工具介绍和对工作相关的应用解析全部采用图解的形式呈现。

祝读者朋友们能够学以致用，更好地学习和工作。

本书若有不足之处，欢迎读者朋友们批评指正。

● 本书特色

1. 通俗易懂，上手迅速

本书采取图解的形式，通过对工具和方法的解构，保证读者能够看得懂、学得会、用得上，让读者以最快的速度掌握小团队实施人才激励的关键要务。

2. 内容丰富，实操性强

本书包含小团队人才激励中能够用到的各类工具和方法，并将这些工具和方法图形化、可视化、流程化、步骤化，且注明实战中的注意事项，让读者一目了然。

3. 立足实践，解析详尽

本书以小团队人才激励实战中的各类实际场景为背景，通过实

际问题引出实战工具，通过对实战工具的充分解析，让读者不仅知其然，更知其所以然。

● 本书读者对象

企业各级管理者；

各类团队管理者；

创业者；

中小企业主；

管理咨询师；

人力资源管理各级从业人员；

培训师 / 培训工作从业者；

管理类相关专业在校生；

所有对人才激励方法感兴趣的人员。

本书背景

1
我公司的业务发展不错，机会很好，可很多员工看起来没有朝气，只是被动完成工作任务，应付了事，一点都没有创业公司该有的样子。
智坤公司总经理
孙胜

2
你期望提高员工的积极性和主观能动性，让员工提高绩效水平吗？
本书作者
任康磊

3
是的，我希望我们的团队管理者能对员工形成有效的激励。

4
你们现在团队中的激励手段都有哪些呢？

5
我们没有刻意设置过，也没有这方面的概念。

6
人才激励是一套系统的方法，要做好人才激励，需要团队管理者掌握这套系统的方法。

背景介绍

智坤公司是一家中等规模的创业公司，下设的几个业务板块分别设立了不同的小团队。在公司经营发展过程中，总经理孙胜感到不少小团队中员工的工作状态不积极，期望通过某种激励手段，改变小团队内部的工作氛围，激励员工达成高绩效。

目录

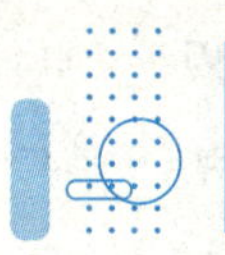

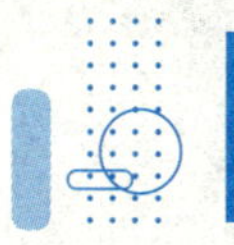

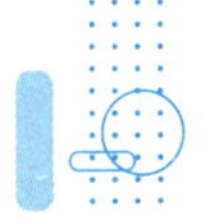

01

激励认知：持续激励人才的方法

本章背景

1
团队管理者学会人才激励的方法后，就能让那些原本对工作没有兴趣的员工提升兴趣，变得热爱工作吧？

2
很可惜，并不能……
NO!

3
那学人才激励有什么用？

4
员工对工作有没有兴趣和热情，是不受控的事。团队管理者学会人才激励的方法，是引导员工产生有利于团队的行为。

5
即使员工心里并不情愿，或者并不喜欢，也可以做到这一点吗？

6
当然，仔细想想，有多少员工是因为喜欢工作而上班呢？但这并不影响员工做出积极的行动。

背景介绍

对团队来说，员工的爱岗敬业是美好的品质，是团队管理者可以倡导和希望的，但激励不是想办法让每个员工都变得爱岗敬业，也不是从根本上改变员工的思想，而是让那些即便不具备以上品质的员工在一些因素的驱动下，也能做对团队来说正确的事。

1.1 引导行动：激励的本质

很多团队管理者对激励的操作方法和呈现结果有误解，于是错误地实施了人才激励，或实施的人才激励没有起到预期效果。团队中的人才激励究竟是什么？要达到什么样的效果？正确认识激励，才能有效实施激励。

1.1.1 典型误解：激励不是喊口号

问题场景

1 我经常能看到有些店门口员工一起跳舞、跑步、做操、高声呐喊，看着真有干劲儿，他们的人才激励做得真好。

2 那不是人才激励，只是一种群体服从行为。员工那样做，能增加群体认同感，但不一定有助于员工在工作上做出团队期望的行为。

3 为什么不算？我看大家挺精神抖擞的呀，口号喊得也很响亮。

4 我上中学时学校每天组织学生跑操，跑操时也高喊“好好学习，天天向上”。个别不爱学习的学生跑操时很积极，口号喊得也很响，可跑完操依然我行我素。

5 确实，我上中学时好像也是这样，班里几个成绩差的同学特别爱跑操和喊口号。

6 激励的最终目的是引导员工行动，而不是让员工每天精神亢奋地喊口号。

问题拆解

有的团队管理者认为一些看起来让员工情绪高昂的方法代表成功的人才激励，其实不然。员工是否成功被激励的表现只有一个，那就是有没有做出团队管理者期望看到的有助于团队的行为。

方法工具

工具介绍

关于激励的误解

有人认为激励就是让员工每天精神亢奋，有人认为激励就是提升员工满意度，有人认为激励是让员工乐于工作，有人认为激励是让员工改变思想……这些其实都是对激励的误解。实际上，激励应当聚焦员工的行为，激励的本质就是引导员工做出团队想要的行为。

对激励结果的 3 点误解

有的团队管理者觉得激励的结果是员工每天精神抖擞，为此每天带着员工喊口号。实际上，员工的精神状态并不是激励需要的第一结果。

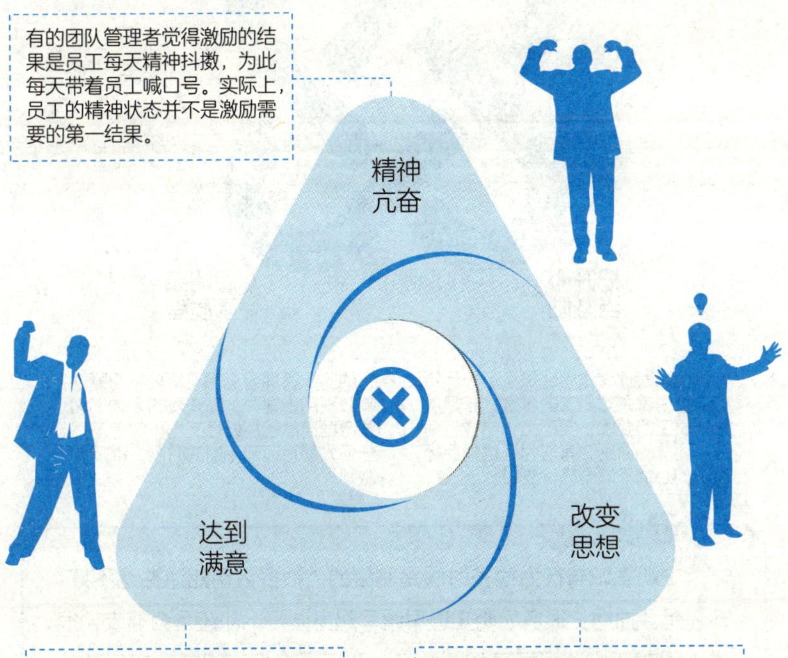
精神
亢奋
达到
满意
改变
思想

激励不是让员工满意，员工是否满意，对应的是员工的情绪。而情绪是一件很主观的事，员工是否满意，并不一定影响着员工的行为。

有的团队管理者认为激励的结果是让员工改变思想。例如员工原本不喜欢工作，激励后员工就喜欢工作了，实际上就算员工不喜欢工作，依然可能持续做出正确的行为。

应用解析

对激励手段的 4 点误解

有的团队管理者觉得激励就是奖励，只要奖励员工，就是激励员工。奖励确实是激励的一种，但并不是激励的唯一实施方式。而且奖励用不好，还可能起到反效果。

有的团队管理者认为金钱是唯一的激励手段，只会用金钱实施激励。实际上，金钱确实是激励方式的 种，但除此之外还有很多别的激励方式。

把奖励当激励
把物质当激励
把开心当激励
忽略高素质者

有的团队管理者觉得让员工每天保持心情愉悦就是对员工的激励，于是放松对员工的要求。实际上，这样容易丢了团队的原则，有时为了达成目标，员工的心情不需要高优先级。

有的团队管理者觉得“快马不用鞭催，响鼓不用重锤”，高素质的人才不需要激励自然就能做好工作。实则不然，任何人都有迷茫无措的时候，都需要激励。

小贴士

主观意识与行为很多时候是割裂的。很多人明知道抽烟不好，却还是会抽烟；很多人明知道早睡早起身体好，却还是会熬夜；很多人明知道应该好好工作或学习，却还是会把时间都用在玩游戏上。激励不需要在员工的主观意识层面下功夫，只需要聚焦于员工的行为。

1.1.2 正确用力：用引力促进行动

问题场景

1 既然要聚焦于员工的行动，那我只需要强制员工做不就好了？

2 强制员工做确实是一种改变员工行为的方法，但这种方法容易引发员工的反感。有些时候还可能适得其反。

3 都说有压力才会有动力，我不强制员工做，我通过施加压力让员工做也可以实现目标吧？

4 压力确实会引发行动，给员工一定的压力，让员工保持一定的紧迫感是对的。但这不能过头，不然可能会压垮员工。

5 激励是通过什么方式让员工行动呢？

6 激励员工行动的“力”，不是强制员工的推力，不是压迫员工的压力，而是引导员工的引力。

问题拆解

通过强制员工做某事，可以促进员工的行动；通过施加压力，也能引发员工的行动。但可能会让员工产生比较强的抵触情绪，这不是激励期望达成的结果。激励对员工行为的改变常常是润物细无声的，这时候用引力效果更好。

方法工具

工具介绍

团队管理者对员工的3种力

在团队的日常管理中，团队管理者免不了会对员工实施3种“力”，分别是推力、压力和引力。有效的激励并非过分使用推力和压力，而是善用引力。要学会激励员工，团队管理者应当多用引力，少用压力和推力。

团队管理者对员工的3种力

通过某种强制手段“推着”员工做某件事，例如中午只给员工提供30分钟的午餐时间，工作期间不允许员工上厕所，工作8小时后不允许员工加班等。

推力

通过压力让员工不得不做某件事，例如，通过制度规定员工上班不得吃零食，否则罚款，以此来规范员工上班期间的行为。

压力

通过引导让员工愿意主动做某件事，例如，通过表扬员工有责任心，引导员工敬业；通过称赞员工认真仔细，引导员工加强检查少犯错。

引力

应用解析

举例：团队管理者期望张三负责某项目的 3 种做法

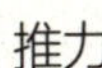

推力

张三，你明天必须去那个项目上报到，而且要保证把那个项目按要求完成。我不管你现在有多忙，不要找任何借口，我不想听任何理由，也不接受任何反驳，你必须坚决执行！不做的话明天就别来上班了！

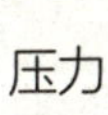

压力

张三，我这里有个项目，你接一下吧。这个项目很重要，上级特别交代要做好。你要是不能如期保质保量地完成，可就是给咱们团队丢脸了，而且项目如果完成得不好，你的年终奖也会受影响。

引力

张三，你认真负责、专业精深，之前A项目和B项目完成得都非常出色，给团队创造了很大收益。很多新同事崇拜你，想向你学习。上级给我这个项目，我第一个想到了你，也告诉了上级你之前项目的优秀表现。这个项目需要你，你一定能完成的。而且完成这个项目后还有一笔奖金呢。你要不要试试？

小贴士

相较于推力和压力，引力显然更容易让员工接受，能让员工心甘情愿做出团队管理者期望的行为。需要注意的是，这里并非全盘否定推理和压力的作用。团队中需要保持一定的推力和压力，有时候，一定的推力和压力也是种激励。只是相较之下，多用引力的激励效果更好。

1.2 无效激励：为什么这么做没有效果

很多团队管理者错误地实施激励，或实施的激励没有效果，是因为对人才激励缺乏基本的认识。关于激励，有 3 个非常经典的理论，分别是需求层次理论、激励保健理论和社会比较理论。这 3 个理论有助于团队管理者理解和有效实施激励。

1.2.1 需求层次：为何高薪却换不来激励

问题场景

1
我团队里曾经有个技术专家，工资不仅是团队最高的，也是全行业最高的，后来他跳槽了，工资比在我这时少，真不知道他是怎么想的。

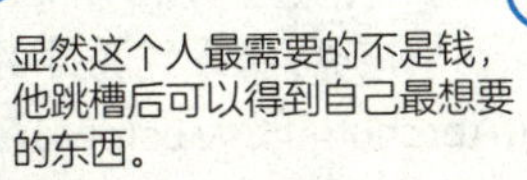
2
显然这个人最需要的不是钱，他跳槽后可以得到自己最想要的东西。

3
我也是从那时候才开始意识到，真的有人不喜欢钱。

4
只能说钱并不是他的第一需求，他在追求最能满足自己需求的舞台。

5
看来要做人才激励，首先得知道员工最想要什么。
6
没错，每个人的需求不同，找到团队不同成员的需求，精准满足其需求，是有效实施人才激励的前提。

问题拆解

人们因为成长背景不同、生存环境不同、知识储备不同、所处的人生阶段不同等，有着各种各样的不同需求。要激发人们的行为，需要考虑到人们的不同需求，针对其需求有针对性地予以满足，这样做的激励效果更好。

方法工具

工具介绍

需求层次理论

需求层次理论最早是由美国的心理学家亚伯拉罕·马斯洛（Abraham H. Maslow）在 1943 年提出的。马斯洛需求层次理论的核心含义是人们因为心智、环境等的不同，个体的需求各不相同，可以分成不同的层次。

马斯洛需求层次理论基于 3 项基本假设。

（1）人们的需求影响着行为，没有被满足的需求更能激发人们的行为，已经被满足的需求则较难激发人们的行为。

（2）人们的需求有一定的重要性排序规律，往往是从最基本的生存需求到较高的精神需求。

（3）人们在较低的需求得到满足之后，才会产生较高的需求。

需求层次理论示意图

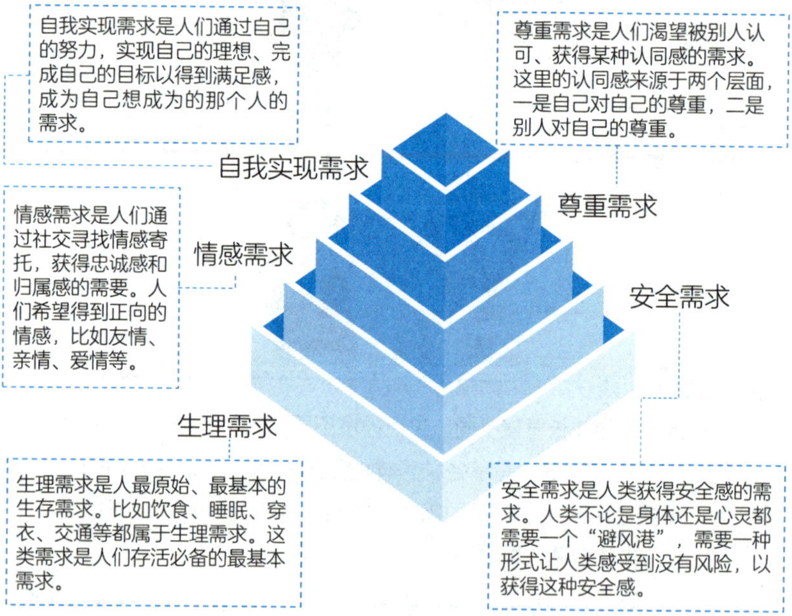

自我实现需求是人们通过自己的努力，实现自己的理想、完成自己的目标以得到满足感，成为自己想成为的那个人的需求。
尊重需求是人们渴望被别人认可、获得某种认同感的需求。这里的认同感来源于两个层面，一是自己对自己的尊重，二是别人对自己的尊重。
自我实现需求
尊重需求
情感需求是人们通过社交寻找情感寄托，获得忠诚感和归属感的需要。人们希望得到正向的情感，比如友情、亲情、爱情等。
情感需求
安全需求
生理需求
生理需求是人最原始、最基本的生存需求。比如饮食、睡眠、穿衣、交通等都属于生理需求。这类需求是人们存活必备的最基本需求。
安全需求是人类获得安全感的需求。人类不论是身体还是心灵都需要一个“避风港”，需要一种形式让人类感受到没有风险，以获得这种安全感。

应用解析

激励处在马斯洛不同层人才的方法

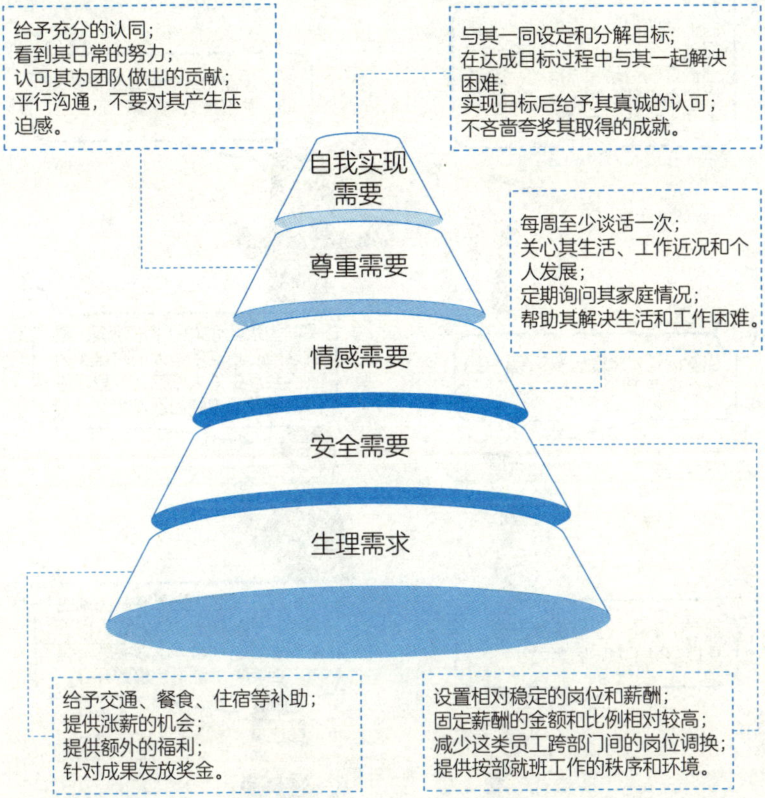

自我实现需要：
与其一同设定和分解目标；
在达成目标过程中与其一起解决困难；
实现目标后给予其真诚的认可；
不吝啬夸奖其取得的成就。

尊重需要：
给予充分的认同；
看到其日常的努力；
认可其为团队做出的贡献；
平行沟通，不要对其产生压迫感。

情感需要：
每周至少谈话一次；
关心其生活、工作近况和个人发展；
定期询问其家庭情况；
帮助其解决生活和工作困难。

安全需要：
设置相对稳定的岗位和薪酬；
固定薪酬的金额和比例相对较高；
减少这类员工跨部门间的岗位调换；
提供按部就班工作的秩序和环境。

生理需求：
给予交通、餐食、住宿等补助；
提供涨薪的机会；
提供额外的福利；
针对成果发放奖金。

小贴士

马斯洛需求层次理论能帮助团队管理者认清员工各种各样不同层次的需求，但也有一定的局限性。例如，人们的需求有时候是复杂多样的，并不一定在低级需求没满足的时候，就没有高级需求。各层次需求间常常不一定有那么明确的界限，有些需求是融合在一起的。

1.2.2 激励保健：为何有些事不构成激励

问题场景

1 我们团队为员工提供全行业最好的劳保用品，员工拥有全行业最好的劳动保障措施，按理说这是激励吧？可为什么员工看起来无动于衷呢？

2 劳保用品和劳动保障是保健因素，并不是激励因素。

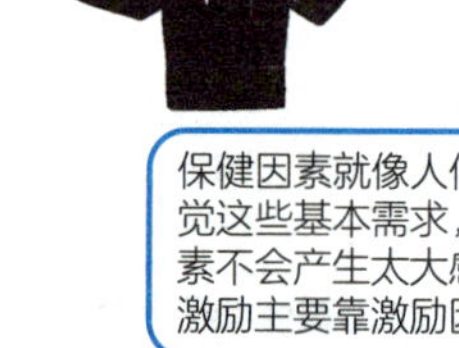

3 保健因素？激励因素？具体是什么意思呢？

4 保健因素就像人们平常吃饭、睡觉这些基本需求，人们对这类因素不会产生太大感觉。要想产生激励主要靠激励因素。

5 那我可不可以省掉保健因素，直接给员工激励因素呢？

6 不可以，保健因素是激励因素的基础，不能缺失。这就像人们不吃饭会饿、一直不吃饭会危及健康，但吃多了也不会感到开心。

问题拆解

团队管理者要区分哪些是具有激励性的激励因素，哪些是不具有激励性的保健因素。保健因素是激励因素的基础，没有保健因素，员工会感到不满意；但是保健因素多了，员工也不会感到满意。要激励员工，需要多一些激励因素。

方法工具

工具介绍

激励保健理论

激励保健理论也可以被称为双因素激励理论，最早是由美国的心理学家弗雷德里克·赫茨伯格（Fredrick Herzberg）在1959年提出的。

激励保健理论的核心含义是组织为员工提供的各种回报不都具有激励性，而是分为两种：一种并不具有激励性，被称作保健因素；另一种具有激励性，被称作激励因素。

激励保健理论示意图

由外向内的激励

保素因健

由内向外的激励

激素因励

保健因素指的是当这些因素没有得到满足时，人们会感到不满意；当这些因素得到满足之后，人们的不满意感消失，但是并没有达到满意。保健因素通常包括薪酬福利、工作环境、组织内部关系等。

激励因素指的是当这些因素没得到满足时，人们不会满意，但也不会不满意，只是还没达到满意的程度，但当这些因素得到满足时，人就会满意。能有效激励到员工的往往是激励因素，通常包括被信任、职业发展、学习机会、成就感、满足感、掌控感、团队氛围等。

应用解析

常见激励保健因素举例

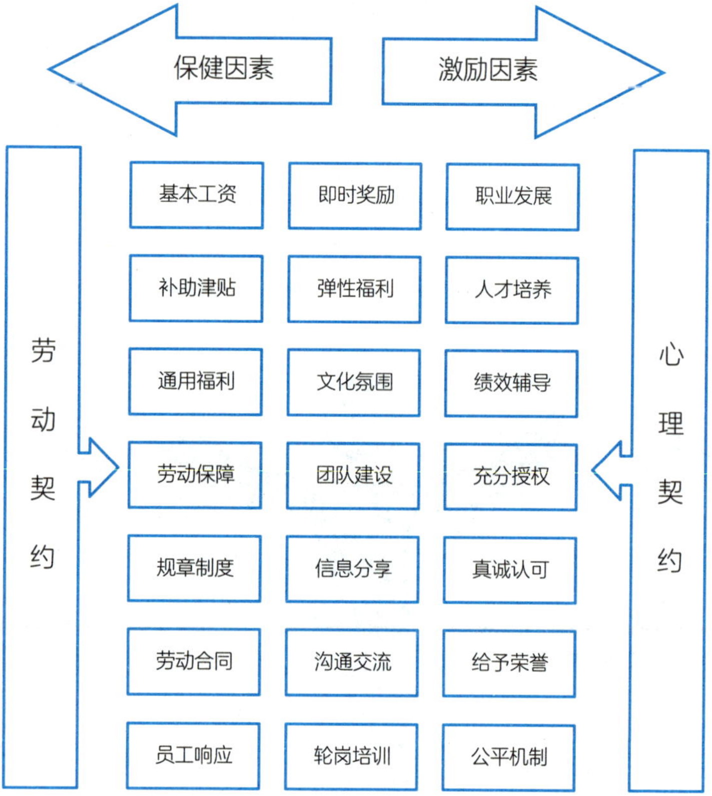

保健因素 ← → 激励因素

劳动契约 → ← 心理契约

保健因素		激励因素
基本工资	即时奖励	职业发展
补助津贴	弹性福利	人才培养
通用福利	文化氛围	绩效辅导
劳动保障	团队建设	充分授权
规章制度	信息分享	真诚认可
劳动合同	沟通交流	给予荣誉
员工响应	轮岗培训	公平机制

小贴士

关于激励保健理论也有一些不同的声音：有人指出，当员工感受到激励因素、受到激励而感到满意时，工作效率并不一定会因此而提高；当员工没有得到激励因素、没有感到满意时，工作效率也不一定会降低。尽管如此，激励保健理论还是能够为团队管理者有效激励员工提供宝贵的参考价值。

1.2.3 社会比较：为何总有人觉得不公平

问题场景

1 我团队同时新来了两个刚毕业的大学生，工作内容差不多，工资也一样，可一段时间后，两个人都觉得不公平。

2 怎么个不公平？具体是怎么回事？

?

3 张三报告写得快，李四写得慢。张三说自己比李四效率高，李四说自己的报告难度大，两人都觉得自己的工资应该比对方更高。

4 你是如何应对这种情况的呢？

??

5 我完全无从下手，只能分别安抚他们。我真想不通为什么会这样。

6 人免不了会有比较，会追求一种公平的感受，如果我们在日常工作中不注重这方面的引导，就可能出现这种情况。

问题拆解

人的知觉影响着人的动机和行为，人们会根据自己的相对得失和相对报酬，来全面衡量自身的得失感。比较是人的天性，做比较在工作和生活中无处不在。团队管理者要认识到这一点，提前做好防范。当然，也可以利用这种做比较的心理对员工实施激励。

方法工具

工具介绍

社会比较理论

社会比较理论也可以被称作公平理论或比较理论，最早是由美国心理学家约翰·斯塔希·亚当斯（John Stacey Adams）在 1965 年提出的。社会比较理论的核心含义是员工的受激励程度是由自己与参照对象对工作投入和回报的主观比较判断结果决定的。

社会比较理论认为人能否感受到激励，不仅和他得到了什么有关，也和他对于别人的投入和所得与自己的投入和所得的比较有关。

这里的投入不仅指为了工作付出的时间或精力，还包括自身受教育的程度、付出的努力以及个人为了获取回报所付出或牺牲的资源。这里的回报也不仅指金钱上的回报，还包括他人的认可、某项福利以及个体区别于比较对象特有的某项权益。

社会比较理论示意图

$$X = \frac{A1 \div B1}{A2 \div B2}$$

- A1：某人对自己获得薪酬回报的感觉
- B1：某人对自己为此所做投入的感觉
- A2：这个人对某比较对象获得薪酬回报的感觉
- B2：这个人对某比较对象为此所做投入的感觉

当$X=1$时，表示人们感到自己的投入产出比率和比较对象相当，也就有了公平感，会感觉平静，不会产生不满情绪。
当$X>1$时，表示人们感到自己的投入产出比率高于比较对象，会产生优越感。
当$X<1$时，表示人们感到自己的投入产出比率低于比较对象，会产生不公平感。

应用解析

创造公平感的 4 个关键

态度：团队管理者对待员工的态度，要做到公平、公正。不能把私交纳入日常工作。

标准：团队管理者评价员工的贡献和价值时，应按照统一的标准和制度。这个标准和制度应当是能够被客观评价的，最好是可量化的，并且要事先明确公布。

信息：团队管理者要在日常工作中和员工之间保持通畅的信息交流，除保密信息外，应尽量让员工知道更多的信息。

疏导：当员工产生不公平感，出现负面情绪时，团队管理者要及时与员工沟通，进行心理疏导，帮助员工树立正确的公平观。

小贴士

由于文化、教育、习惯不同以及人性的复杂性，每个人对公平的理解各不相同，所以世界上不存在绝对的公平。有人认为，所得薪酬数额上的一致代表公平；有人认为，薪酬数额应该体现过程中的努力，才叫公平；有人认为薪酬数额应该和成果相关而不是付出相关，才有可能实现公平。

1.3 资源应用：创造最大的激励效果

团队管理者实施人才激励需要必要的资源，可任何团队的资源都是有限的，不可能供团队管理者无限调用。然而人的欲望是无限的，如何用有限的资源对抗员工无限的欲望，获得最大的激励效果？这就需要团队管理者懂得合理分配资源，把好钢用在刀刃上。

1.3.1 无限游戏：激励为什么不能一劳永逸

问题场景

1 我之前请过几个管理咨询师帮我们做员工激励方案，可刚开始时有点效果，后来效果越来越差。

2 这是因为任何激励方式的效果都是边际递减的。

3 什么意思？

4 这就好比人饿了吃第一个馒头时一定是最幸福的；吃第二个馒头幸福感会下降；吃第三个馒头可能就感受不到幸福了；吃饱后再吃第四个馒头，幸福感就是负的了。

5 也就是说，激励方式应当不断变化吗？

6 没错，这就好比做菜，就算某人再喜欢吃西红柿炒鸡蛋，也不能顿顿都吃西红柿炒鸡蛋啊，这样不仅让人反感，而且可能造成营养不良。

问题拆解

任何激励方式都不可能一劳永逸。团队管理者期望通过一次努力从此做“甩手掌柜”的想法是不现实的。因为任何一种激励方案的效果都是边际递减的。所以团队管理者实施激励的正确方式应当是持续的、动态的、变化的。

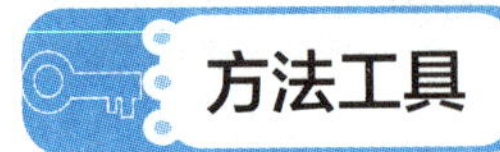
方法工具

工具介绍

有限与无限的对抗

人才激励是用有限的资源，来满足人无限的欲望。

既然是用有限的资源来满足无限的欲望，那团队管理者在实施人才激励的时候要特别注意 3 个关键点，分别是动态变化、价值评估和持续沟通。

人才激励的 3 个关键点

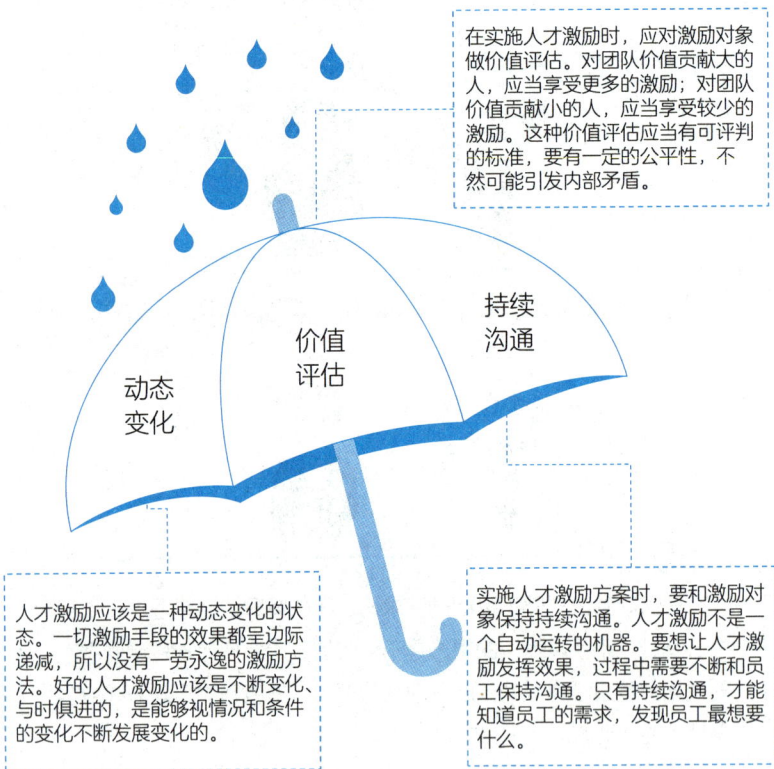

动态变化

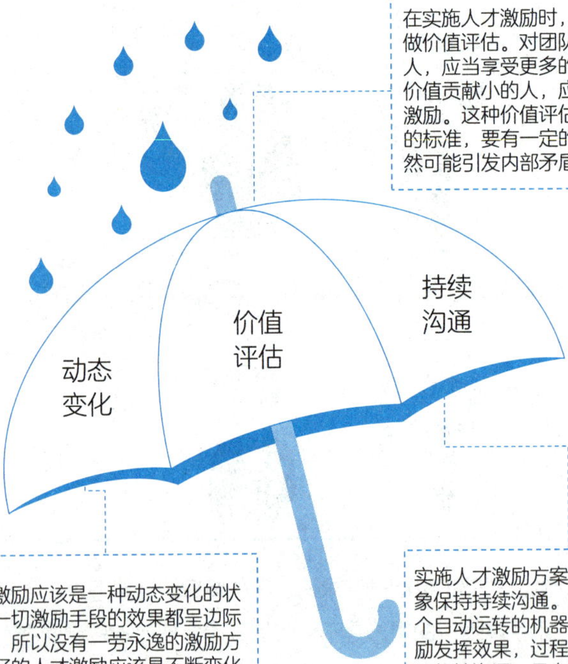

人才激励应该是一种动态变化的状态。一切激励手段的效果都呈边际递减，所以没有一劳永逸的激励方法。好的人才激励应该是不断变化、与时俱进的，是能够视情况和条件的变化不断发展变化的。

价值评估

在实施人才激励时，应对激励对象做价值评估。对团队价值贡献大的人，应当享受更多的激励；对团队价值贡献小的人，应当享受较少的激励。这种价值评估应当有可评判的标准，要有一定的公平性，不然可能引发内部矛盾。

持续沟通

实施人才激励方案时，要和激励对象保持持续沟通。人才激励不是一个自动运转的机器。要想让人才激励发挥效果，过程中需要不断和员工保持沟通。只有持续沟通，才能知道员工的需求，发现员工最想要什么。

应用解析

人才激励 3 个关键点举例

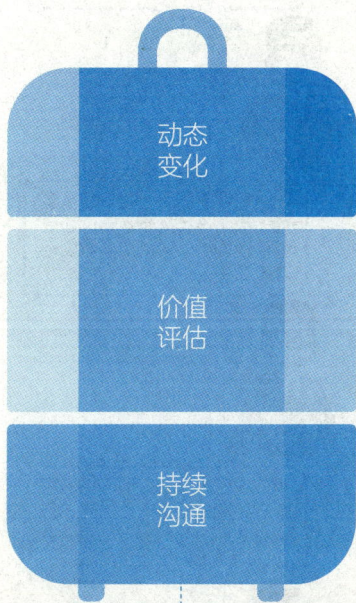

动态
变化
价值
评估
持续
沟通

动态变化：例如，某团队实施股权激励，通常一开始非常有效果，但时间长了，被激励对象就习惯了，现有的股权激励方案可能就渐渐失去激励效果了。这时候需要及时做出调整，设计一种新的股权激励方案，或设计另外一种人才激励方案。

价值评估：例如，某技术团队发奖金激励，奖金最高的是部门负责人。可实际上部门负责人只是做统筹协调等管理工作，技术突破成绩主要来自几位重要的技术人员。这几位重要的技术人员才是价值最高的人，应当拿最高的奖金。

持续沟通：例如，老师激励学生学习，教学生知识，必然需要大量沟通，不能简单地只依靠课堂教育，期望学生自己学好。对于不同背景、不同水平的学生，老师引导学生的方法是不一样的，也就是要因材施教。

小贴士

有效实施人才激励就像吃饭。饭要天天吃，一顿不吃就会饿；对方想吃什么，要通过沟通才能获取；对方想吃的东西往往是动态变化的，今天想吃火锅，明天可能想吃烤肉；就算某样东西再喜欢吃，也不能顿顿都吃，而且吃饱之后也不能再继续吃。

1.3.2 幂次法则：给更有价值的人更多激励

问题场景

1
奖金是有限的，如果平均分配奖金，每个人获得的奖金比较少，激励效果很小；可如果不平均分配奖金，员工又会觉得不公平，该怎么办呢？

2
人才激励应当公平，但公平不等于平均。

3
那怎么做到公平呢？

4
团队管理中的公平是让应该多得的员工得到更多。让创造更高价值的员工得到更多激励，才是公平。

5
如何做到这一点呢？

6
事先设定好规则，明确价值判断的标准和依据，让所有员工认可，然后找到那些创造更多价值的员工，给予更多激励。

问题拆解

员工对不平均分配奖金感觉不公平，是因为奖金分配没有明确的标准。明确奖金分配的标准，让创造更高价值的员工分得更多的奖金，能够为员工创造公平感。关键是要事先定义按价值分配的机制，并取得多数员工的认可。

方法工具

工具介绍

80/20 原理

80/20 原理也叫幂次法则，是经济学家维尔弗雷多·帕累托（Vilfredo Pareto）在 1906 年提出的。80/20 原理的核心是要找到并抓住问题的重点，找到重点的人和事，将其用来做团队人才和工作的评判，广泛适用于各类团队管理。

80/20 原理的含义，指团队中 20% 的优秀人才创造 80% 的价值，80% 的人才创造 20% 的价值。20% 的重点工作创造 80% 的主要价值，80% 的非重点工作只创造 20% 的价值。

团队管理者在日常管理工作中，应当抓住团队中重要的 20% 的工作，同时激励好那 20% 的优秀人才。

80/20 原理示意图

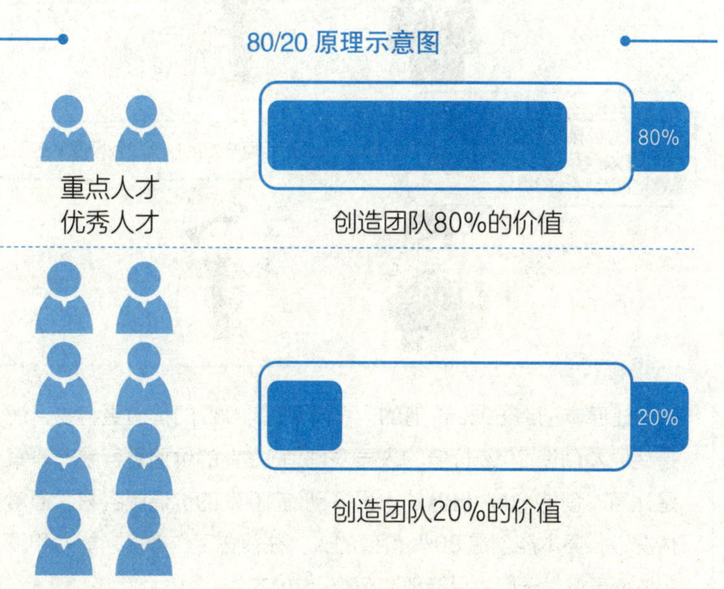
重点人才
优秀人才
80%
创造团队80%的价值
20%
创造团队20%的价值
普通人才

应用解析

80/20 原理实战案例

1 我们来做个练习，假如你有两名员工，张三创造了团队80%的价值，李四创造了团队20%的价值。你有100元的激励资金，只能激励一个人，你会用来激励张三，还是李四呢？

2 我希望李四努力把工作做得更好，应该激励李四吧？

3 看来你还是没有理解80/20原理，你应该激励张三。

4 为什么呢？

5 因为张三绩效提升10%，可以为团队额外创造8%的价值；而李四绩效提升10%，只能为团队额外创造2%的价值。

6 原来如此！现在我彻底明白了。

小贴士

让原本创造 80% 价值的人再多创造 10% 的价值更容易，还是让原本创造 20% 价值的人再多创造 10% 的价值更容易？答案是让原本创造 80% 价值的人再多创造 10% 的价值更容易。通常情况下，原本能创造 80% 价值的人，往往在工作态度、能力和绩效方面普遍优于原本只能创造 20% 价值的人。

1.3.3 人才盘点：找到重点激励的核心人才

问题场景

1 如何判断团队中哪些员工是实施人才激励的重点呢？

2 可以通过人才盘点，发现团队的核心人才。

3 人才盘点是什么？有什么用？

4 我们平常需要盘点物资，人力资源当然也要定期盘点。人才盘点是团队管理者必备的技能和重要工作之一。

5 物资的盘点主要是看物资的数量和质量，人才盘点也是这样吗？

6 人才盘点也要看人才的数量和质量，但相较之下，人才盘点主要看的是人才的质量。

问题拆解

人才盘点的过程和物资盘点虽然在字面上类似，但人才盘点的重点并非盘点数量，而是盘点人才的质量。人才盘点是对人才优劣现状的梳理。通过人才盘点，团队管理者可以发现团队中的核心人才，从而有针对性地实施重点激励。

方法工具

工具介绍

人才盘点

人才盘点是发现团队当前的人才情况和组织能力的一种方式，可以用来评估团队与人才的匹配情况，是团队管理者必备的技能之一。人才盘点工作本身并不直接产生价值，是对人才现状的梳理，是把团队人才情况具体化和明晰化的过程。

人才盘点通常把对人才的评判落到 3 个维度上，这 3 个维度分别是态度、能力和绩效。

人才盘点的 3 个维度

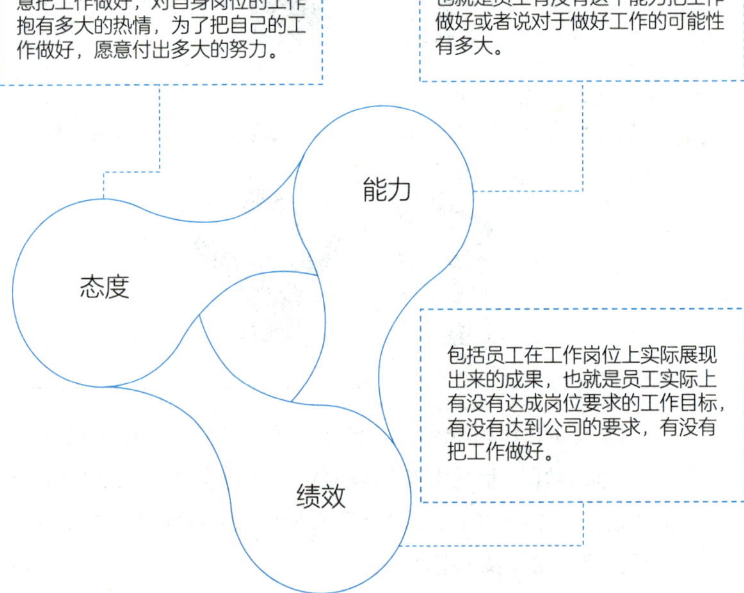
包括员工对工作的积极性，也就是员工的主观能动性，即员工愿不愿意把工作做好，对自身岗位的工作抱有多大的热情，为了把自己的工作做好，愿意付出多大的努力。
包括员工的个人素质、知识水平、技能水平、工作经验或者熟练程度，也就是员工有没有这个能力把工作做好或者说对于做好工作的可能性有多大。
能力
态度
绩效
包括员工在工作岗位上实际展现出来的成果，也就是员工实际上有没有达成岗位要求的工作目标，有没有达到公司的要求，有没有把工作做好。

应用解析

案例：阿里巴巴的人才盘点

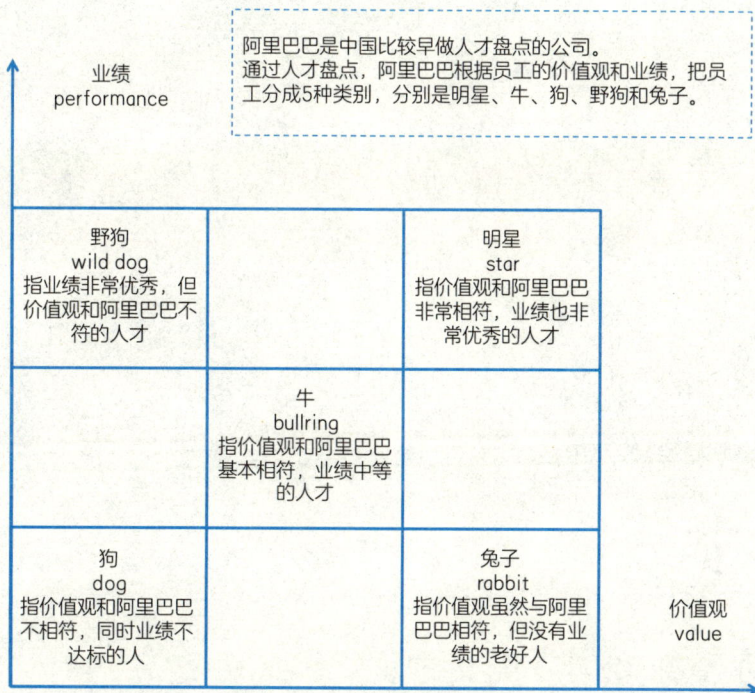

阿里巴巴是中国比较早做人才盘点的公司。
通过人才盘点，阿里巴巴根据员工的价值观和业绩，把员工分成5种类别，分别是明星、牛、狗、野狗和兔子。

业绩 performance

野狗 wild dog 指业绩非常优秀，但价值观和阿里巴巴不符的人才		明星 star 指价值观和阿里巴巴非常相符，业绩也非常优秀的人才
	牛 bullring 指价值观和阿里巴巴基本相符，业绩中等的人才	
狗 dog 指价值观和阿里巴巴不相符，同时业绩不达标的人		兔子 rabbit 指价值观虽然与阿里巴巴相符，但没有业绩的老好人

价值观 value

针对人才盘点的结果，阿里巴巴采取的策略是消灭“狗”和“野狗”，请走“老兔子”。这里的老兔子，指的是长期人才盘点结果被评为 “兔子”的人。阿里巴巴会重点跟踪和落实“狗”“野狗”和“老兔子”的岗位变化、绩效变化、态度和工作状态变化，会充分讨论这些人才的岗位调整和去留问题。

小贴士

在这 5 类人才中，“明星”的比例在 20% ~ 30%；“牛”“兔子”和“野狗”的比例在 60% ~ 70%,“狗”的比例在 10% 左右。阿里巴巴鼓励管理者给自己的下属打分，并且根据这个比例对员工进行强制排序。

02

激励工具：人才激励的“任三角”

本章背景

1 究竟如何做好人才激励呢？

2 围绕让员工产生行为的动机，人才激励主要和3个维度有关，分别是预期的价值、实现的概率和可用的资源。

3 分别是什么意思？

4 预期的价值是人才判断行为结果对自己的价值，实现的概率是人才判断行为达到结果的概率，可用的资源是人才达成结果可以动用的资源。

5 怪不得我之前人才激励做不好，原来是没有同时考虑到这3个维度。

6 这3个维度缺一不可。任何一个维度出问题，人才激励都可能失败。

背景介绍

如果把人才激励比作植物生长的话，预期的价值就像土壤，实现的概率就像水分，可用的资源就像阳光和空气。肥沃的土壤、充足的水分、适宜的阳光和空气，是植物生长、结果的必备条件。当这些条件都具备的时候，才可能产生有效的员工激励。

2.1 识别差异：帮助人才取得价值

每个人终其一生都在追求某种价值。因为个体差异，每个人追求的价值有所不同，这也构成了每个人不同的价值观。搞清楚员工之间的差异和不同个体的需求，有助于团队管理者判断不同员工对激励因素的敏感程度，进而更精准、更有效地实施激励。

2.1.1 系统激励：驱动人才的价值导向

问题场景

1
对员工来说，最有价值的应该是钱吧？

2
这可不一定，事物的价值因时而异，也因人而异，很难一概而论。

3
为什么会这样呢？

4
因为人们的价值判断来自价值观，价值观不同，不同事物对人们的价值也有所不同。

5
我觉得有些员工的价值判断有问题，我是不是应该引导一下这些员工。

6
价值观因人而异，而且你很难改变一个成年人的价值观。

问题拆解

不同时间、不同人，对同一种事物的价值判断不同，这源于个体的价值观不同。因为人们拥有不同的价值观，所以针对不同的员工应实施不同的激励方法。价值观难以改变，团队管理者与其评价和改变员工的价值观，不如顺应而为。

方法工具

工具介绍

人才激励的“任三角”

人才激励就是期望通过某种方式，让员工产生某种行为。员工产生某种行为的根源，是员工具备某种行为动机。员工产生某种行为动机，与三个方面有关，分别是预期的价值、实现的概率和可用的资源。公司要做好员工激励，需要管理者从这三个方面下功夫。

人才激励的“任三角”

行为动机是员工产生某种行为的原因，也是员工激励能够实现预期效果的原因。
管理者要想激励员工产生某种行为，首先要激励他产生某种行为动机。

预期价值是指员工认为自己的行为可能带来的价值。这里的价值可能是正向的，也可能是负向的。员工在主动产生某种行为前，判断行为可能给自己带来的“利”，或“弊”，是一种对未来结果的利弊预期。简言之，就是行为结果对员工来说“有多大好处”。

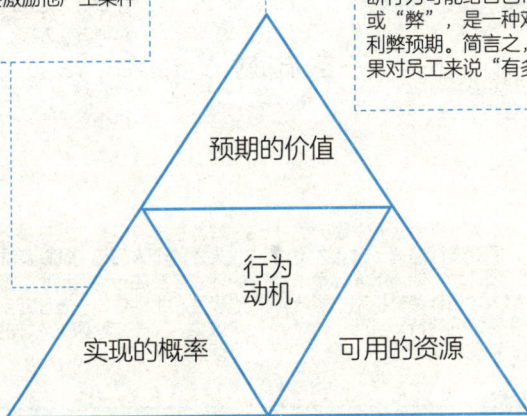

预期的价值

行为动机

实现的概率

可用的资源

实现概率是指员工根据经验，判断自己做出行为后达到预期目标的可能性。它是员工在主动产生某种行为前，对行为结果能否达到令人满意的预期效果的概率判断，是一种对结果的预判。

可用资源是指员工通过某种行为得到行为结果的过程中，可以获得的资源支持，以及可能存在的资源障碍。这里的资源，包括人力、物力、财力、工具等员工可支配的一切资源。

应用解析

常见的 5 种人才激励方式

物质激励（第3章）

物质激励是从物质层面激发人才的积极性、主动性和创造性。物质激励是其他激励方式的基础，一般应和其他激励一起使用共同发挥作用。物质激励可以分成相对固定的物质激励、短期物质激励和中长期物质激励。

精神激励（第4章）

精神激励是一种无形激励，是通过让人才在精神上获得某种正面感受而实现的人才激励。每个人都希望自己被尊重、被认可、被信任、被重视，团队管理者对人才实施精神激励的成本更低，而且得到的效果有时大于物质激励。

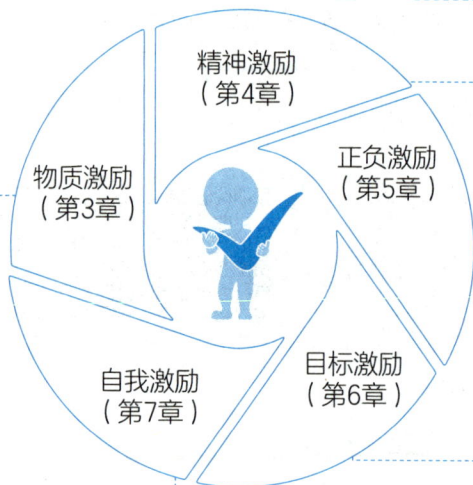

正负激励（第5章）

传统的人才激励方式中有“胡萝卜+大棒”，指的是“正激励+负激励”。实施正负激励时要有依据和标准，团队管理者在日常工作中对员工实施的正反馈和负反馈同样是一种正负激励，能够起到激励效果。

目标激励（第6章）

好的目标不仅是管理的需要，而且能让人才的个人目标和团队集体目标统一，让人才产生行动的动机，激发人才的积极性和主动性，一方面起到激励人才的效果，另一方面通过人才的行动，达成团队目标。

自我激励（第7章）

团队管理者通过给人才提供晋升发展的机会，为人才建设职业发展通道，帮人才设计专属的职业发展计划，能够给人才带来成长的希望。给人才设计荣誉机制，能让人才对自己产生更好的期待，从而主动对自己严格要求，实现自我激励。

小贴士

不同的激励方式有不同的作用，配合应用效果更佳。过分神话或过分贬低某种激励方式都是不对的。例如，如果没有物质激励，只有其他激励（如精神激励），通常起不到激励效果；但如果只有物质激励，没有其他激励，物质激励同样很难起到激励效果。

2.1.2 定位需求：人生阶段决定了需求

问题场景

1 员工的需求这么多样，有没有什么方法可以帮我判断员工的需求呢？

2 可以通过员工的职业发展阶段来判断员工的需求。

3 意思是不同职业阶段的员工的需求不一样，应该采取不同的激励方式吗？

4 没错，年轻员工职业发展时间较短，收入较少，对这类员工予以物质激励更有效。可对于收入已经很高的员工，精神激励更有效。

5 怪不得，这也是我一味涨工资没有效果的原因。

6 涨工资本身没错，对一部分人是有效果的，但并不代表可以激励所有人。

问题拆解

再好的激励策略也不适合所有员工，如果只懂一种激励方式，往往达不到好的激励效果。员工所处的生命阶段和职业阶段决定了员工的主要需求，团队管理者可以据此对员工分类，针对不同类别的员工，采取不同的激励策略，达到更精准的激励效果。

方法工具

工具介绍

职业生涯的 4 个发展阶段

职业生涯，指人们一生中工作经历所包括的一系列行为活动。人一生的职业生涯可以分成 4 个发展阶段，分别是寻觅期、立业期、守业期和衰退期。

处在不同职业时期的人，有不同的特点和需求。处在相同阶段的员工，需求上有一定的相似性，公司可以根据这种相似性，设计更精准、更有针对性的人才激励策略。

职业生涯的 4 个发展阶段

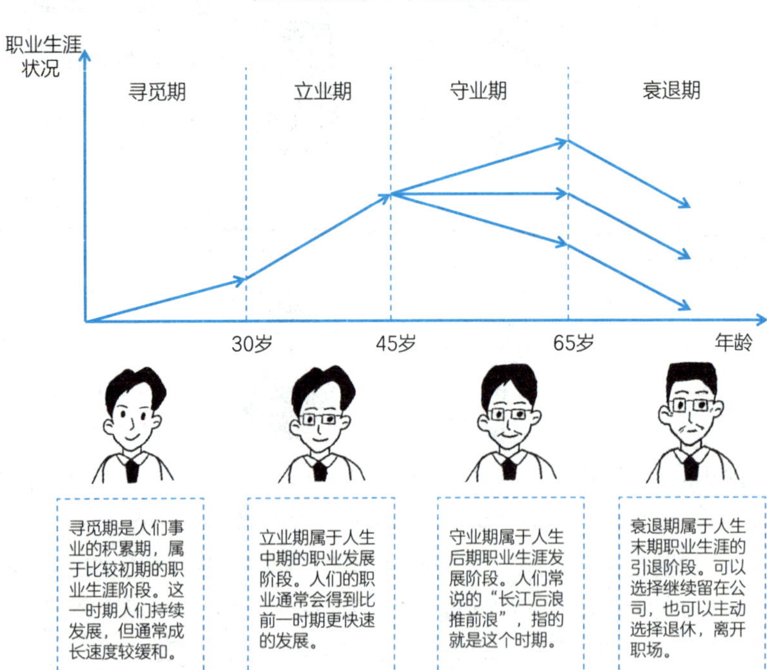
职业生涯状况
寻觅期
立业期
守业期
衰退期
30岁
45岁
65岁
年龄
寻觅期是人们事业的积累期，属于比较初期的职业生涯阶段。这一时期人们持续发展，但通常成长速度较缓和。
立业期属于人生中期的职业发展阶段。人们的职业通常会得到比前一时期更快速的发展。
守业期属于人生后期职业生涯发展阶段。人们常说的“长江后浪推前浪”，指的就是这个时期。
衰退期属于人生末期职业生涯的引退阶段。可以选择继续留在公司，也可以主动选择退休，离开职场。

应用解析

职业生涯 4 阶段的通用特性

	职业稳定性	工作积极性	工作成熟度	物质激励作用	精神激励作用
寻觅期	低	高	低	高	高
立业期	中	较高	较低	较高	高
守业期	中	较低	较高	较低	高
衰退期	高	低	高	低	高

小贴士

物质激励对不同职业发展阶段的员工的作用也不同，但精神激励不论对哪个阶段的人都有比较强的激励效果。当然，精神激励有效的前提是应用得当。不同职业发展阶段的人需要的精神激励内容也是不同的。

2.1.3 底层价值：发现人才期望的价值

问题场景

1 我觉得自己为员工做了很多，可员工却无动于衷。

2 要引发员工行动，就要想办法增加员工行动成果对应的价值。

3 我觉得自己给员工提供了不少价值啊，有奖金，还有荣誉。

4 这是因为不同事物在不同人心中的价值是不一样的，有针对性地发现和应用员工期望的价值，对员工的激励效果更强。

5 员工都想要什么样的价值呢？

6 每个人都在追求3种底层价值，分别是安全感、存在感和满足感。正向增强员工当前最想要的感受，能实现最佳的激励效果。

问题拆解

同样的激励手段，对不同的员工，效果是不同的。这就是为什么团队管理者实施了某种激励手段后，对有的员工效果显著，对有的员工效果一般，对有的员工没效果。团队管理者认为的价值不一定是员工期望的价值，针对员工的个人需求，有针对性地提供价值，才能发挥最佳的激励效果。

方法工具

工具介绍

个体期望的三大底层价值

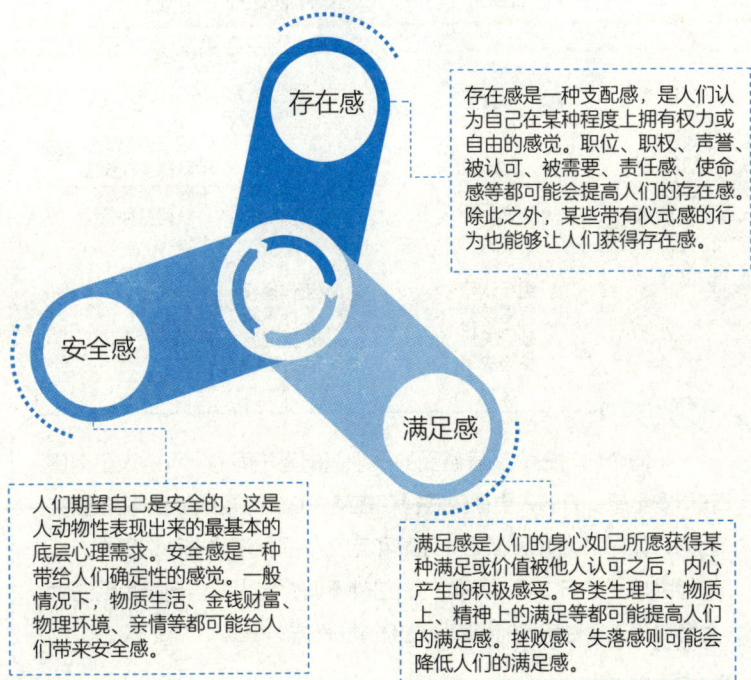

每个人都在追求 3 种底层感受，分别是安全感、存在感和满足感。

人们对安全感的需求指的是人们在生理、物质、精神等方面避免发生危险的需求。

人们对存在感的需求指的是人们内心感受到自己能够影响或支配某些事物的需求。

人们对满足感的需求指的是人们在生理需要或心理需要方面获得满足体验的需求。

个体期望的三大底层价值

存在感：存在感是一种支配感，是人们认为自己在某种程度上拥有权力或自由的感觉。职位、职权、声誉、被认可、被需要、责任感、使命感等都可能会提高人们的存在感。除此之外，某些带有仪式感的行为也能够让人们获得存在感。

安全感：人们期望自己是安全的，这是人动物性表现出来的最基本的底层心理需求。安全感是一种带给人们确定性的感觉。一般情况下，物质生活、金钱财富、物理环境、亲情等都可能给人们带来安全感。

满足感：满足感是人们的身心如己所愿获得某种满足或价值被他人认可之后，内心产生的积极感受。各类生理上、物质上、精神上的满足等都可能提高人们的满足感。挫败感、失落感则可能会降低人们的满足感。

应用解析

个体期望的三大底层价值举例

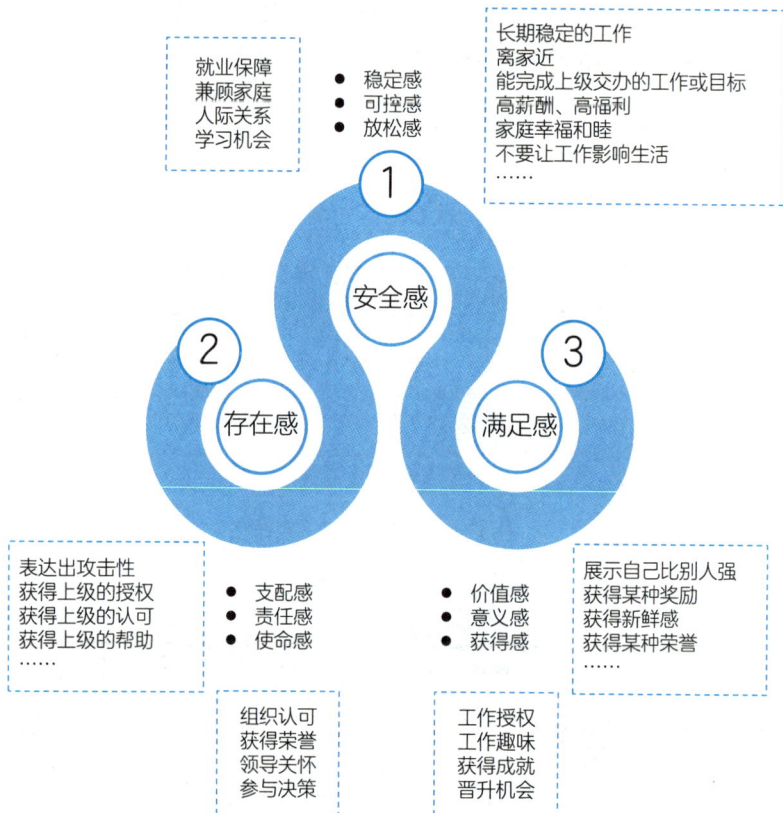

就业保障
兼顾家庭
人际关系
学习机会
稳定感
可控感
放松感
长期稳定的工作
离家近
能完成上级交办的工作或目标
高薪酬、高福利
家庭幸福和睦
不要让工作影响生活
……
1
安全感
2
存在感
3
满足感
表达出攻击性
获得上级的授权
获得上级的认可
获得上级的帮助
……
支配感
责任感
使命感
组织认可
获得荣誉
领导关怀
参与决策
价值感
意义感
获得感
工作授权
工作趣味
获得成就
晋升机会
展示自己比别人强
获得某种奖励
获得新鲜感
获得某种荣誉
……

小贴士

不同个体对三大底层感受的需求偏向是不同的，有的人更期望获得安全感，有的人更期望获得存在感，有的人更期望获得满足感。因为人们对三大底层感受的理解和定义不同，在同一种感受中，正向增强感受的方式也是不同的。这种不同，与人们当前感受到的满足情况有关，也与人们当前所处的情境有关。

2.2 成就人才：帮助人才获得成功

员工会根据过去的经验，判断自己做出某种行为后达到预期目标的概率大小。这直接影响了员工是否会做出团队管理者期望看到的行为。要提高员工对行为预期达成目标概率的判断，可以通过萃取优秀经验，和员工一起找到成功的方法，帮助员工更好地获得成功。

2.2.1 问题分类：搞清楚失败的真实原因

问题场景

1 我发现员工在A工作上总是做不好，为此我已经组织好多场培训了，可还是没效果，你能不能帮我们培训一下？

2 你有没有想过，这可能不是员工的问题？

3 不是员工的问题还能是谁的问题？难不成是我的问题？

4 客观地说，也说不定，你都已经做那么多场培训了，如果是员工层面的问题，那问题应该早就解决了。

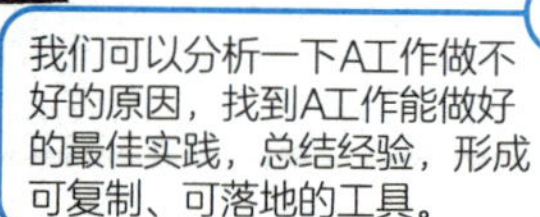

5 那我现在应该怎么办呢？

6 我们可以分析一下A工作做不好的原因，找到A工作能做好的最佳实践，总结经验，形成可复制、可落地的工具。

问题拆解

很多团队管理者认为团队出了问题，一定是“人”有问题，很容易认为目标没达成的原因要么是人的态度不好，要么是人的素质不行，要么是人的能力不足，要么是人的经验不够，然而事实很可能并非如此。

方法工具

工具介绍

吉尔伯特行为工程模型

行为学家吉尔伯特（Thomas F. Gilbert）曾研究影响组织目标达成的因素。他在调研了 300 多个组织后，形成了一系列调研报告和著作，并提出了一个非常有价值的工具——吉尔伯特行为工程模型。这个工具可以帮助我们精准找到影响目标达成的问题要素。

通过吉尔伯特行为工程模型，可以得出一个结论——对目标达成影响最大的是环境因素，影响占比达 75%，而个体因素对目标达成的影响占比仅为 25%。

吉尔伯特行为工程模型

环境因素	分类	数据/信息/反馈	资源/流程/工具	奖励/激励/后果
	影响	35%	26%	14%
个体因素	分类	知识/技能	素质/潜能/天赋	动机/态度
	影响	11%	8%	6%

数据/信息/反馈：指数据和信息的通畅性，包括明确清晰的目标、任务和行为标准，针对目标的及时反馈，以及能及时获取所需信息的畅通渠道。

资源/流程/工具：指能够获取到达成目标的资源条件，包括工具、系统、适当的流程，易于查阅的参考手册，充足的时间，专业人员的支持，以及充足的、安全的附属设施等。

奖励/激励/后果：包括有形的和无形的奖励，例如，个人实现目标可以获得的激励、团队管理者对员工的认可、员工实现目标可以获得的晋升或处罚等。

知识/技能：指通过各种形式的学习、培训或经验传授让人们可以获取到的、能够帮助人们达成目标的相关知识和技能。

素质/潜能/天赋：包括人们的个人特点、性格特质、行为偏向、生理特质、心理或情绪特质，以及生活状况、生活方式、生活环境等因素造成的个人认知和习惯上的特性。

动机/态度：包括人们在某方面的价值认知、达成目标的信心、情绪偏向，以及其他能够被环境、文化、氛围等因素影响的主观情绪和能动性的变化。

应用解析

吉尔伯特行为工程模型应用

是否明确目标达成标准是什么？
目标实现的反馈是否频繁且及时？
目标反馈信息是否足够准确且明晰？
目标达成情况的信息渠道是否畅通？
达成目标需要的步骤、流程、方法、规范是否够清晰明确？
是否有足够的资源来支持目标达成？
是否形成了有助于完成目标的工具？
是否能够快速获取到这些工具？
完成或未完成某事项，是否有相应的奖罚？
达成目标过程中表现优劣是否有相应激励？
相应激励能否对未来更优的表现提供有效引导？
是否已经应用了能想到的全部激励？
资源
流程
工具
数据
信息
反馈
奖励
激励
后果
动机
态度
知识
技能
素质
潜能
天赋
个人的动机与意愿是否能影响目标达成？
达成目标对应的激励是否足够诱人？
完成目标的可能性有多大？
正激励是否比负激励更多？
天赋或智商能否影响目标达成？
口才能否影响目标达成？
素质对目标的影响是否存在例外？
是否具备完成任务需要的知识？
是否具备完成任务需要的技能？
优秀者的知识和技能能否被有效复制？
是否存在自己没有察觉的知识和技能需求？

小贴士

很多人平常最经常、最习惯做的，是为了达成目标，坚持不懈地想办法诊断和改变个体，而不是首先从环境层面去诊断和发现问题。实际上，很多时候改变环境对于达成目标来说成本更低，效果也更好。

2.2.2 最佳实践：帮助人才找到成功方法

问题场景

1
吉尔伯特行为工程模型确实很有道理，以后再出了问题，我不会一开始就批评员工了。

2
作为团队管理者，发现问题后，我们首先要做的是帮助员工成功，而不是苛责员工的失败。

3
现在回想起来，当初正是因为自己一直苛责员工，才让一些员工和自己越来越疏远。

4
帮助员工成功的过程本身也是一种精神激励，能搭建起团队管理者和员工之间的情感连接。

5
太对了！具体应该怎么做呢？

6
可以和员工一起分析情况后，找到最佳实践，提取优秀的经验和方法，再传递给整个团队。

问题拆解

团队管理者在员工遇到问题后，第一时间想到的不应该是责怪员工，而是要与员工一起找到方法，寻求成功。团队管理者帮助员工一起走向成功的过程，本身也是对员工的一种精神激励。

方法工具

工具介绍

帮助人才成功的 4 个步骤

当团队或员工遭遇失败、遇到难题不知如何是好时，先不要着急，也不要一味责怪和苛求员工。要通过分析当前情况，找到最佳实践，实施经验萃取，为当前难以解决的问题找到方法。

帮助人才成功的 4 个步骤

分析当前情况，找到当前问题所在。要对当前存在的问题做详细分析，而不是盲目采取行动。

把最佳实践中运用的方法或秘诀全部提炼出来，发现最佳实践做得好的原因。经验萃取的具体方法将在后文详细介绍。

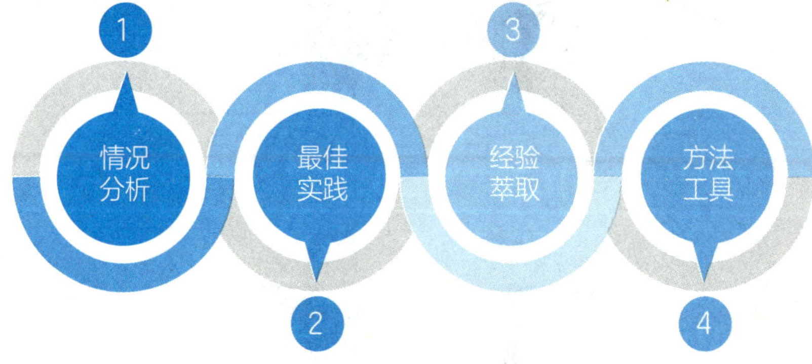
1
情况分析
2
最佳实践
3
经验萃取
4
方法工具

找到在这个领域当中做得最好的那个人或那个案例，研究这个人或案例为什么做得好，采取了什么方法，秘诀是什么。

把萃取出来的经验或方法，变成所有员工都能够学得会的工具或模板，在团队内部复制，让全体员工掌握。

应用解析

帮助员工成功 4 个步骤实施

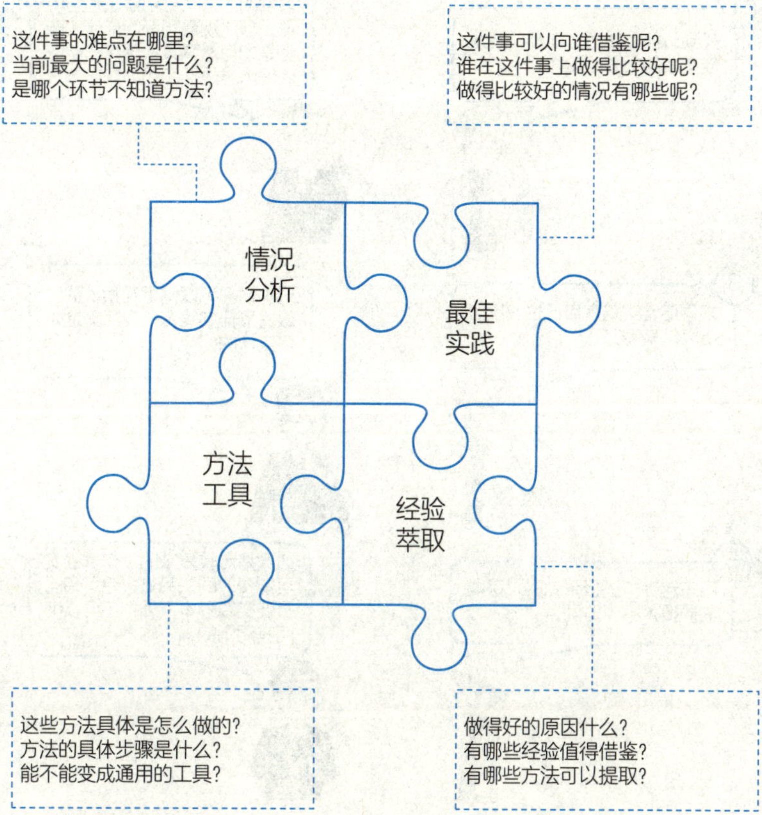

这件事的难点在哪里？
当前最大的问题是什么？
是哪个环节不知道方法？

这件事可以向谁借鉴呢？
谁在这件事上做得比较好呢？
做得比较好的情况有哪些呢？

情况分析

最佳实践

方法工具

经验萃取

这些方法具体是怎么做的？
方法的具体步骤是什么？
能不能变成通用的工具？

做得好的原因什么？
有哪些经验值得借鉴？
有哪些方法可以提取？

小贴士

帮助人才成功的 4 个步骤值得在团队所有工作中不断实施。通过这 4 个步骤，找到所有工作的正确做法，同时通过持续不断地应用，让所有工作保持最佳的方法，这样就能提升团队的工作效率。

2.2.3 经验萃取：让好方法得以无限复制

问题场景

1 找到最佳实践后，如何萃取最佳实践的优秀经验呢？

2 最常用的方法是观察法和访谈法，通过观察和询问最佳实践者是如何从事某项工作的，从而提炼出最佳实践的操作方法。

3 如果最佳实践者自己也说不出所以然来呢？

4 这种情况可以侧重观察，最好跟着最佳实践者，观察其是如何工作的。

5 看来这件事还挺费劲的，可能需要投入不少时间。

6 如果是比较复杂的工作，确实可能费时间。另外，除了询问最佳实践者本人外，还可以询问其周围的人。

问题拆解

最常用的萃取经验方法是观察法和访谈法。这两种方法可以一起使用，也可以单独使用。通过观察和访谈，几乎可以找到所有岗位最佳实践做得好的真正原因。实施访谈法时，不仅可以访谈最佳实践者本人，也可以访谈其周围人。

方法工具

工具介绍

萃取经验

技能和经验被提炼、萃取后，可以形成团队内部可复制、可实施的标准化动作。如果用访谈法萃取经验，可以通向最佳实践者提出问题的方式，总结出其把事情做成功的方法论。萃取经验的提问有 4 个技巧，分别是拆分问题、聚焦到动作、有具体的行为佐证和从多维度提问。

萃取经验的问题不应是大而全的，应当将大问题拆分、细化到某个具体场景，针对那些能解决某类具体事项的小问题提问。泛泛的问题并不能有效萃取经验，只有细化到具体行为的问题才能有效萃取经验。

经验萃取的 4 个技巧

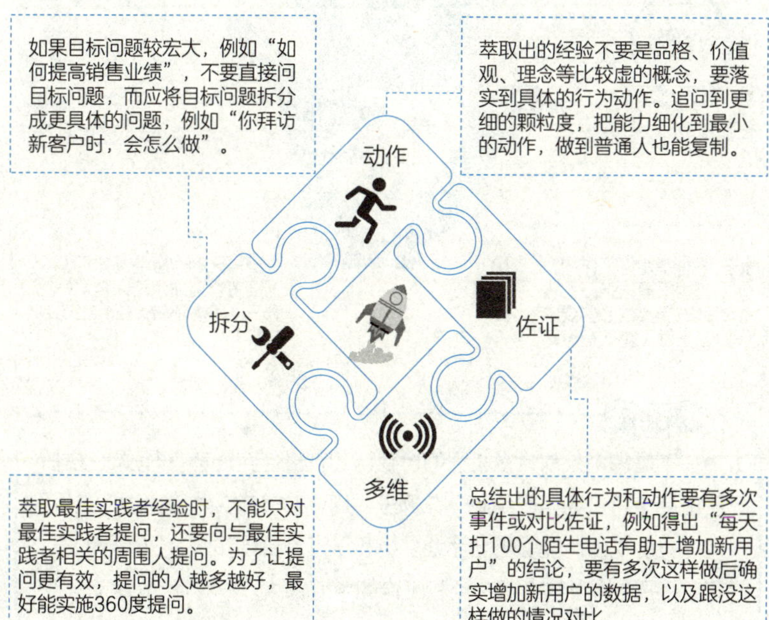
如果目标问题较宏大，例如“如何提高销售业绩”，不要直接问目标问题，而应将目标问题拆分成更具体的问题，例如“你拜访新客户时，会怎么做”。
萃取出的经验不要是品格、价值观、理念等比较虚的概念，要落实到具体的行为动作。追问到更细的颗粒度，把能力细化到最小的动作，做到普通人也能复制。
动作
拆分
佐证
多维
萃取最佳实践者经验时，不能只对最佳实践者提问，还要向与最佳实践者相关的周围人提问。为了让提问更有效，提问的人越多越好，最好能实施360度提问。
总结出的具体行为和动作要有多次事件或对比佐证，例如得出“每天打100个陌生电话有助于增加新用户”的结论，要有多次这样做后确实增加新用户的数据，以及跟没这样做的情况对比。

应用解析

萃取优秀经验可以问的 5 类人

同事

你认为张三做得好的行为是什么？
张三平时如何与你沟通协作？
张三的哪些行为值得你学习？

下级

张三平时如何管理你们？
张三对你有哪些要求？
你认为张三的哪些行为是成功的关键？
你从张三身上学到最有价值的3件事是什么？

客户

张三是如何服务你的？
你为什么信赖张三？
张三做过最令你满意的3件事情是什么？

上级

张三平时是如何工作的？
你平时如何管理张三？
你对张三提出过哪些要求？
你对张三做过哪些指导？

家人

张三每天的作息情况如何？
张三有哪些业余的兴趣爱好？
张三回家后还做过工作上的哪些事？

小贴士

不是每个人都具备较强的自我认知，最佳实践者有时候往往并不能完全意识到自己到底好在哪里，通过对最佳实践者身边人进行全方位的访谈，能够更全面地总结和认识到最佳实践者做得好的原因，还原出最佳实践者生活和工作的全链条。

2.3 资源支持：保证人才拥有资源

员工能否获得足够的资源支持，或是否存在资源障碍，影响着员工的行为？资源问题很容易被团队管理者忽略，认为这和员工激励无关。实际上，团队内外部一切影响员工行为的资源，都可能会对员工激励产生影响。

2.3.1 平等激励：划清楚团队权责利

问题场景

1
现在团队里有些事情没有人负责，有的事情很多人参与，不知道该由谁负责，每天理这些事真让人头疼。

2
这是因为团队的权责划分出了问题。

3
怎么做团队权责的划分呢?

4
可以找团队成员一起讨论，把问题摆在桌面上，查找当前的权责问题，然后重新调整权责。

5
坐在一起把问题说清楚，把权责划清楚，这个方法好。

6
经过讨论之后的权责划分，一方面员工更容易认可，另一方面员工的印象更深刻，也更易遵守。

问题拆解

每个团队内部都有对应的责任和权限。当团队的权责平衡时，工作开展就会比较顺利。如果某人的权限太小，但责任太大，将很难做好工作；相反，如果某人的权限很大，责任却很小，虽然工作开展比较容易，但对团队来说是一种损失，也会造成不公平感，形成负面激励。

方法工具

工具介绍

团队权责利划分

团队权责利划分是团队根据管理模式、战略、组织机构，对团队成员的权限、职责和利益进行划分的过程。权、责、利对等的团队氛围是实施员工激励的基础。

很多团队存在权责利划分不清的情况，这时候就需要团队管理者进行权责问题查找，找准当前的问题，对团队成员的权责利进行重新划分。

权责利问题查找表

部门岗位	当前权限	当前职责	当前利益	当前权责利问题						
				权大责小	权小责大	责任重叠	责任错位	利大责小	利小责大	……

权责利问题查找表的应用流程

第1步，发现权责利问题后，召集相关人员进行专题研讨。

第2步，厘清部门当前的权限、职责、利益以及权责利对比之后的具体问题。

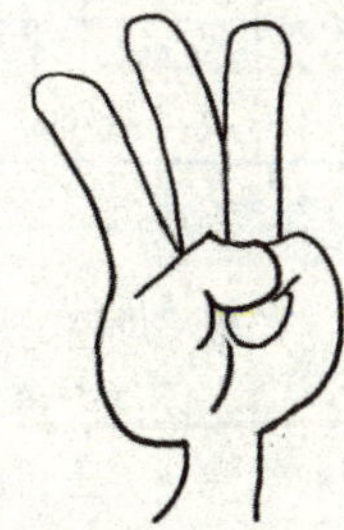

第3步，根据当前的权责利问题，经过讨论后，重新划分相关部门的权责利。

应用解析

权责利划分案例

某部门，共有张三、李四、王五、赵六和徐七5人。该部门刚接到某项目，要完成该项目，可以分成3项不同的任务，分别是任务1、任务2和任务3。这3项任务对整个项目的贡献分别是30%、50%和20%。该部门对整个项目中的责任、权限和收益划分如下表所示。

项目贡献占比	任务	张三	李四	王五	赵六	徐七
30%	任务1责任划分	负责	参与程度30%	协助程度5%	协助程度5%	协助程度10%
	任务1权限划分	审批	知悉	知悉	知悉	知悉
	任务1收益划分	50%	30%	5%	5%	10%
50%	任务2责任划分	参与程度20%	负责	参与程度20%	协助程度10%	协助程度10%
	任务2权限划分	知悉	审批	知悉	知悉	知悉
	任务2收益划分	20%	40%	20%	10%	10%
20%	任务3责权划分	协助程度5%	协助程度5%	负责	协助程度10%	参与程度20%
	任务3权限划分	知悉	知悉	审批	知悉	知悉
	任务3收益划分	5%	5%	60%	10%	20%

小贴士

如果某项任务出现问题，可以采取的追责方式有两种：

（1）团体追责：假如任务 1 没有完成，张三负主要责任，李四负次要责任，王五、赵六、徐七负连带责任，对任务 1 的追责完全按照任务中不同个体的参与或协助程度来定。

（2）个体追责：假如任务 1 没有完成，寻找根本原因，发现是谁的责任，就追谁的责。

2.3.2 学习激励：辅助资源保障成长

问题场景

1
我发现很多员工的学习成长速度慢，影响了整个团队的绩效达成目标。
2
咱们团队提供给员工的学习资源有哪些呢？
??

3
学习资源？那是什么？

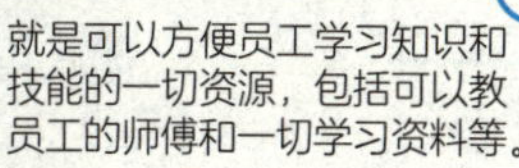
4
就是可以方便员工学习知识和技能的一切资源，包括可以教员工的师傅和一切学习资料等。

5
教员工的师傅我们是有的，但学习资料确实没有。

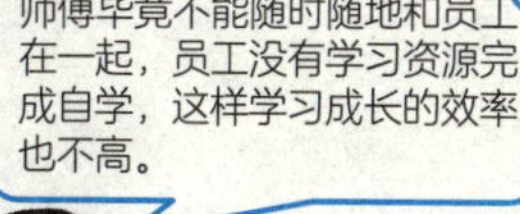
6
师傅毕竟不能随时随地和员工在一起，员工没有学习资源完成自学，这样学习成长的效率也不高。

问题拆解

团队为员工提供的学习资源影响着员工的学习成长效率。当团队为员工提供的学习资源较差时，员工学习的难度大，知识和技能水平的提升受阻，这不仅会影响员工的个人感受，而且也会影响团队的绩效水平。

方法工具

工具介绍

学习资源

学习资源是团队能够为员工提供的成长资源。如果学习资源充沛，将会对员工的能力形成一种滋养，员工能够从学习资源中获得能力的提升。团队给员工提供的学习资源越多，员工获得的激励效果越显著。团队中常见的学习资源包括讲师资源、课程资源和资料资源等。

团队中常见的 3 种学习资源

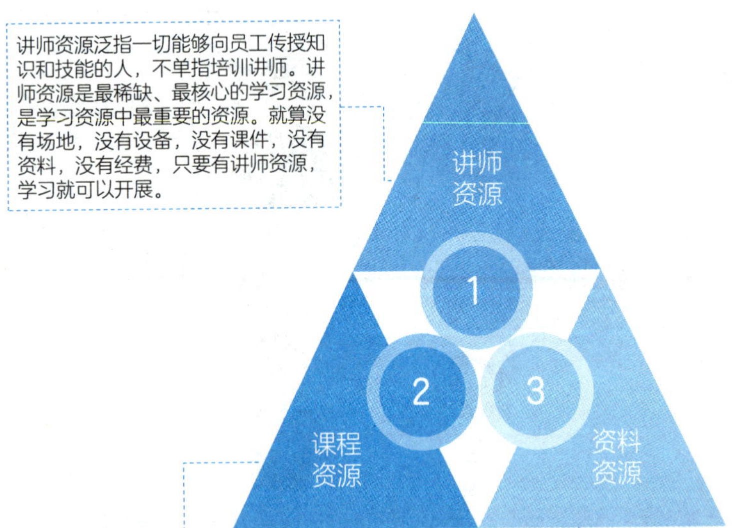
讲师资源泛指一切能够向员工传授知识和技能的人，不单指培训讲师。讲师资源是最稀缺、最核心的学习资源，是学习资源中最重要的资源。就算没有场地，没有设备，没有课件，没有资料，没有经费，只要有讲师资源，学习就可以开展。
讲师资源
1
2
3
课程资源
资料资源
课程资源是承接讲师资源的观念、知识、技能等信息的载体。课程资源的质量直接影响着员工的学习效果。好的课程资源能够让员工快速接受信息、有效地内化信息、准确地应用信息。课程资源可以通过讲师资源转化，但需要对课程进行顶层设计。
资料资源是团队为员工提供的可供自学使用的学习资源，泛指除了讲师资源和课程资源外的一切学习资源。团队在设置资料资源时，要本着员工容易取得、内容全面、看得懂、学得会的原则来设置。

应用解析

资料资源的 8 种常见来源

包括国家政策、法律法规，公司的规章制度、流程方法、行为规范等。
包括团队内正在或将要使用的技术、流程、标准等。
包括各类动态和静态的信息，如市场信息、销售数据、行业信息、员工信息。
包括能够助力员工更好地完成工作所需要的虚拟工具，比如一些管理模型、一些视频资料。
规范类
技术类
信息类
工具类
经验类
档案类
书籍类
其他类
包括内部优秀的培训讲师、参训人员的经验分享和外部的培训讲师、合作机构的课程资料或经验分享。
包括团队曾经组织的各类培训、会议、讨论、讲座等产生的档案。
包括团队需要的相关专业、管理、案例类等书籍。
包括其他无法归类到以上7类中，对团队有价值的资料。

小贴士

员工自学的资料可以通过 4 种常见形式提供给员工。

（1）手册类：入职即发的员工手册、运营手册等。

（2）看板类：易于见到的操作看板、工序看板等。

（3）文件类：易于掌握的知识笔记、操作细则等。

（4）课程类：提前录制的音频课程、视频课程等。

2.3.3 预算编制：充分调动财务资源

问题场景

1 有些员工反映自己想做的事需要财务资源，却得不到支持。

2 这可能会影响员工的行动。咱们团队现在的财务资源是如何分配的呢?

3 现在整个公司财务资源的分配权全部掌握在我手里，我怕下放财务权限后造成混乱，导致成本提高。

4 确实有这种可能性。不过，你审批财务申请时，知道每一笔费用具体是什么情况，应该是多少吗?

5 说实话，我并不知道，很多时候都是凭感觉审批的……

6 投入和产出呈正比，机会和风险并存，担心失控，可以把财务成本管控和员工利益绑定，也可以和员工一起编制财务预算。

问题拆解

当团队人数较少、业务简单时，团队管理者全权管理财务资源的做法是对的。但当业务逐渐复杂、人数不断扩大，不放权财务资源可能造成效率降低，员工可能会感到束手束脚，降低工作积极性。团队管理者可以通过和员工一起编制财务预算，把团队财务成本与个人利益相关联，用好财务资源。

方法工具

工具介绍

团队财务预算编制

团队管理者通过和员工一起编制财务预算，不仅能够让团队管理者更加了解财务资源的使用情况，而且能够充分调动员工的工作积极性，增加财务资源的利用效率，经过研讨，还能够完成对财务资源的盘点和管控。

团队财务预算编制的 6 步骤

① 上年比较：将上一年的预算和决算情况进行比较，找出上一年预算和决算之间差异比较大的项目，分析该项目差异大的主要原因和问题，判断明年是否会发生类似的问题。

② 本年比较：将本年度的实际发生和预算进行比较，找出当前实际发生和预算差异比较大的项目，分析该项目差异大的主要原因和问题，判断明年是否会发生类似的问题。

③ 分析趋势：分析出财务预算的变化趋势，得出哪些项目可能会增加预算，哪些项目可能会减少预算。这时候对趋势的分析不仅仅是停留在数字层面的，还要考虑实际工作情况。

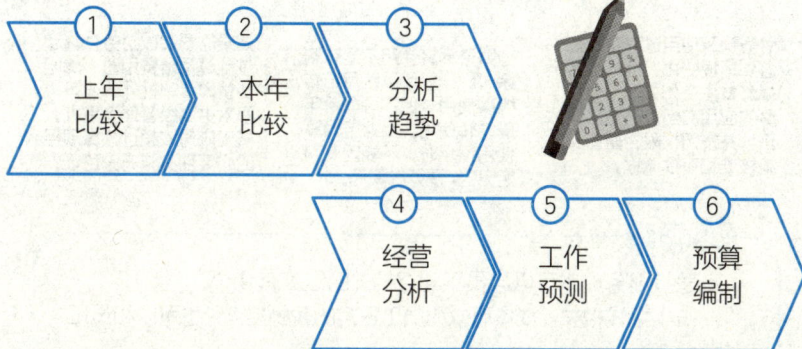

④ 经营分析：对财务预算的分析不能仅停留在管理层面，还需要站在实际经营角度，根据团队的战略目标、发展状况和生产经营状况，让财务预算与团队需要相匹配。

⑤ 工作预测：结合上一步的分析，列出符合团队战略的工作重点，列出当前影响财务预算编制的主要因素，同时列出明年经营管理的重点及方向。

⑥ 预算编制：根据团队的财务预算要求，根据前5步对经营管理重点工作的分析和预测，逐项分析明年的财务应用情况，逐项编制财务预算项目的具体数字。

应用解析

财务预算管控的 5 点注意事项

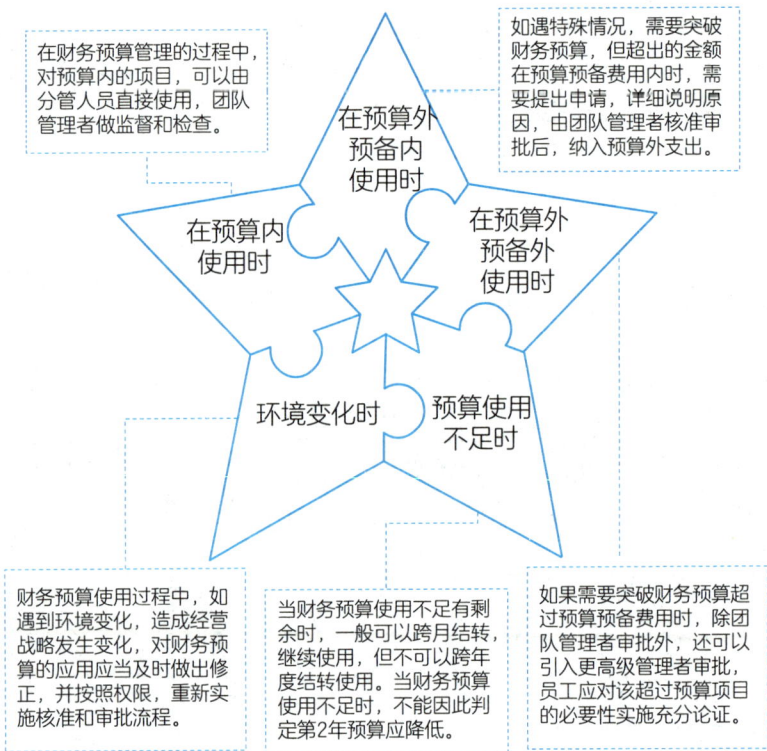

在预算内使用时：在财务预算管理的过程中，对预算内的项目，可以由分管人员直接使用，团队管理者做监督和检查。

在预算外预备内使用时：如遇特殊情况，需要突破财务预算，但超出的金额在预算预备费用内时，需要提出申请，详细说明原因，由团队管理者核准审批后，纳入预算外支出。

在预算外预备外使用时：如果需要突破财务预算超过预算预备费用时，除团队管理者审批外，还可以引入更高级管理者审批，员工应对该超过预算项目的必要性实施充分论证。

预算使用不足时：当财务预算使用不足有剩余时，一般可以跨月结转，继续使用，但不可以跨年度结转使用。当财务预算使用不足时，不能因此判定第2年预算应降低。

环境变化时：财务预算使用过程中，如遇到环境变化，造成经营战略发生变化，对财务预算的应用应当及时做出修正，并按照权限，重新实施核准和审批流程。

小贴士

管控财务成本可以与员工利益相关的维度有 4 个。

（1）金钱相关：成本可以和员工日常的薪酬挂钩，也可以和员工的奖金挂钩。

（2）荣誉相关：管控成本较优秀的员工可以获得某种荣誉。

（3）发展相关：管控成本的意识和能力可以影响员工的职业发展。

（4）福利相关：管控成本的结果可以与员工能够获得的福利挂钩。

03

物质激励：让金钱发挥最大效果

本章背景

1
我有一次听一个“专家”说，激励员工主要应该靠精神激励，不能靠物质激励。

2
商业世界中，有哪个团队是可以只靠精神激励，没有任何物质激励还发展存续很好的？

3
好像还真没有……

4
不存在的事物，怎么能指导实践呢？这个世界上倒是存在不少精神激励实施不佳，但物质激励有保障，却存续发展不错的组织。

5
我也觉得只靠精神激励好像不太靠谱，大多数人还是需要物质激励的。

6
当然，不能否认精神激励用好了确实有很好的激励效果，在某些时候确实比物质激励效果好，但物质激励是不可或缺的。

背景介绍

物质激励是精神激励的基础，只有极少数人可以做到完全不在意物质激励，只对精神激励敏感。既想让马儿跑，又不给马儿吃草是不现实的。多数情况下，物质激励应当作为员工激励的重要手段。

3.1 作用预期：物质激励的正确认识和使用

对员工实施物质激励的关键不在于多不多，而在于能不能起到作用。能起到作用的物质激励不一定多，而是恰到好处地发挥了作用。相反，如果不懂得如何正确应用物质激励，就算给出的物质激励数量上很多，也很难达到预期效果。

3.1.1 要素划分：物质激励不是简单的多给钱

问题场景

1
既然物质激励有效，那我是不是多给钱就能激励员工了？

2
这可不一定，不能否认物质激励的作用，也不能神话其作用。

3
既然物质激励有效，那为什么多给钱不对呢？

4
多给钱是对的，但不能简单地多给钱。因为钱的数量毕竟是有限的，而人的欲望是无限的。

5
也就是说，要把钱用在刀刃上是吧？

6
是的，如果不对金钱做好规划，一股脑地把钱全散了，很可能钱用完了，人也走了。

问题拆解

人的欲望是无限的，但资金是有限的。任何一个组织都不可能无限地给员工提供金钱上的激励，所以需要事先对物质激励实施规划。物质激励应当更偏向那些创造更高价值的员工，而且在实施过程中需要与员工保持必要的沟通。

方法工具

工具介绍

物质激励的三大组成部分

物质激励可以分成 A、B、C 3 个组成部分。

A 部分是保证人才个人和家庭的基本生活费用，一般以月度为单位发放。当然，A 部分也不是一成不变的，应随着物价水平、劳动力市场状况、职级调整、工作年限或团队整体薪酬水平的变化而变化。

B 部分一般是对人才在 1 个季度到 2 年这类相对短期的经营业绩和绩效成果的奖励，一般以季度或年度为单位发放。根据绩效状况，B 部分的发放金额可能达到预期，可能超过预期，也可能为零。

C 部分是鼓励人才做出更长远的贡献，把团队的发展和人才的个人发展绑定在一起的方式。一般团队和人才双方确定后，在 3 ~ 5 年的较远期兑现。C 部分能有效防止团队成员为了追求短期利益而做出一些杀鸡取卵式的决策和短期行为。

物质激励的三大组成部分

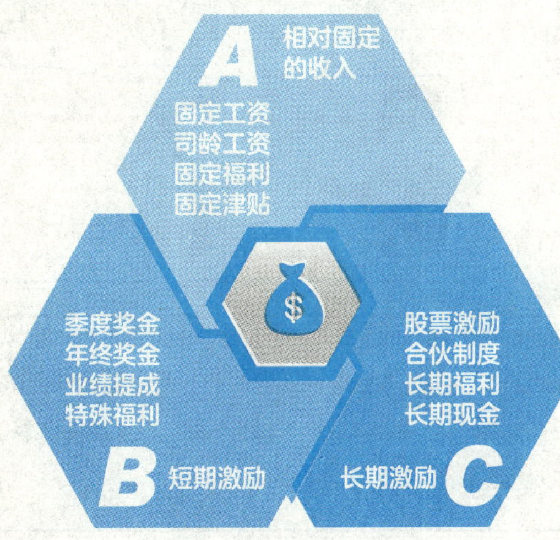
A
相对固定
的收入
固定工资
司龄工资
固定福利
固定津贴
$
季度奖金
年终奖金
业绩提成
特殊福利
B
短期激励
股票激励
合伙制度
长期福利
长期现金
长期激励
C

应用解析

物质激励应用举例

1
假如给员工涨工资，你说是每月涨500元员工更高兴，还是每月涨1 000元员工更高兴呢？
2
那还用问吗？当然是涨1 000元员工更高兴了！

3
没错，你说是每月涨500元员工高兴的时间长，还是每月涨1 000元员工高兴的时间长呢？

4
这个……我想是不是高兴的时间一样长啊？

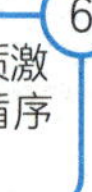

5
没错，这两种涨薪方式员工高兴的时间几乎是一样长的。所以要涨薪的话，如果有1 000元的额度，不如分两次操作，每次涨500元。
6
明白了，不要一下子把物质激励的资源牌全打光，要循序渐进。

小贴士

增加物质回报，人们会高兴，但人们很快会习惯，所以对员工实施物质激励时，要讲究策略，策略对了，可以用比较低的成本实现比较好的激励效果，事半功倍；策略不对，即使耗费大量的成本，也很难取得好的效果，事倍功半。

3.1.2 高低有序：通过岗位价值设计物质激励

问题场景

1 不同的岗位，薪酬设计应该不一样吧？

2 当然，不同岗位的薪酬数量设计不一样，薪酬结构设计也应该有所不同。

3 那要按照什么标准设计岗位薪酬水平呢？

4 可以根据岗位价值设计不同岗位的薪酬水平。

5 按照什么标准设计岗位的薪酬结构呢？

6 可以根据岗位特征设计薪酬的组成结构，常见的结构有3种，分别是弹性模式、稳定模式和折中模式。

问题拆解

不同岗位的物质激励设计是不同的。对团队价值更高的岗位，应给予更高的物质激励。通过岗位价值评估，可以确定岗位和职位的级别定位。不同岗位物质激励对应的薪酬结构设计也是不同的，应根据岗位的特性设计。

方法工具

工具介绍

岗位价值评估

岗位价值评估是在岗位分析的基础上，对岗位责任大小、工作强度、所需资格条件等特性进行评价，确定岗位相对价值的过程。

例如，对于人数较少的小团队，经过岗位盘点、工作分析和评估，可以将岗位层级划成核心层、中层和基层三大层次，将岗位类别划分为管理类、技术类、销售类、专业类、行政类、工勤类六大类别。

岗位薪酬等级示意图

层级	职等	管理类	技术类	销售类	专业类	行政类	工勤类
核心层	G10						
	G9						
	G8						
中层	G7						
	G6						
	G5						
	G4						
基层	G3						
	G2						
	G1						

应用解析

常见薪酬的 3 种模式

弹性模式

固定薪酬　　浮动薪酬

固定薪酬比例较低（通常小于40%）、浮动薪酬比例较高（通常高于60%）的薪酬设置类型。通常应用于与业绩关联度较大的岗位，例如销售人员、总经理、高管等。常见的计件工资制、提成工资制、绩效工资制属于这种薪酬策略。

折中模式

固定薪酬　　浮动薪酬

固定薪酬比例和浮动薪酬比例持平，通常是各占50%或者差别不大的岗位薪酬设置类型。这种模式通常应用在经营状况较稳定的企业，以及公司业绩的关联度和岗位人员的能力素质要求并重的岗位，比如技术研发岗位、生产工艺岗位等。

稳定模式

固定薪酬　　浮动薪酬

固定薪酬比例较高（通常高于60%）、浮动薪酬比例较低（通常低于40%）的岗位薪酬设置类型。这种模式通常应用于与业绩关联度较低的岗位，比如行政助理岗位、财务岗位、人力资源管理岗位等。

小贴士

弹性模式的优点是激励性较强，能有效改变员工行为；缺点是员工压力较大，缺乏安全感，可能导致员工离职率增加，忠诚度较低。

稳定模式的优点是员工有较强的安全感，忠诚度较高；缺点是激励性较差，往往人力成本较高，员工积极性不高，员工的工作压力较小。

折中模式兼顾弹性模式和稳定模式的优点和缺点，具有一定的缓冲度和适应性。

3.1.3 预期收益：用未来价值创造当下的激励

问题场景

1
有些员工没有把团队利益放在心上，不重视团队价值，更注重个人得失。

2
这是人性，不稀奇，要缓解这种情况可以试试年薪制。

3
年薪制？那不是针对管理层的薪酬模式吗？对员工也适用吗？

4
当然适用，年薪制的本质是把团队的中长期利益和个人的中长期利益绑定，对团队中的任何成员都适用。

5
这么说我确实可以试试。

6
年薪制是将团队未来的价值奖励给团队成员，让团队成员更注重团队未来的价值创造。

问题拆解

年薪制原本适用于那些对团队经营业绩责任和影响较大，或具备团队的经营权，但没有或只有小部分享有所有权的人员。但随着组织扁平化、组织平台化、组织权利下沉等理念的付诸实施，可以实施年薪制的人员范围越来越大，有的团队甚至可以推行全员年薪制。

方法工具

工具介绍

年薪制

年薪制是根据团队业绩和个人绩效，以年度为单位支付员工薪酬的分配方式。年薪制的目的是为了把人才的个人利益与团队利益联系起来，让人才与团队发展的目标保持一致。年薪制因为对人才有较远期的激励和约束作用，被广泛应用于团队的薪酬设计。

年薪制的优缺点

优点：

- 绩效导向：把业绩和劳动者的个人所得更加紧密地联系在一起，实现个人目标和组织目标的统一。
- 面向未来：年薪制中人才的收益，在很大程度上是对未来的展望，是把团队未来的状况与人才未来的收益绑定在一起。
- 抑制腐败：将组织的长远发展与人才个人收益紧密结合，人才的归属感和责任感会大大增强。

缺点：

- 短视行为：可能无法调动人才的长期行为，人才可能会为了个人利益，追求短期的漂亮数字，而做出损害团队长远利益的行为。
- 收入减少：年薪制收入存在较大的不确定性。有时即便人才已经做出了较大努力，但经营业绩差，可能导致人才的收入骤减。
- 针对性差：团队中更需要类似年薪制激励的人才往往集中在一线。年薪制的优势有时候反而难以覆盖到这类人才。

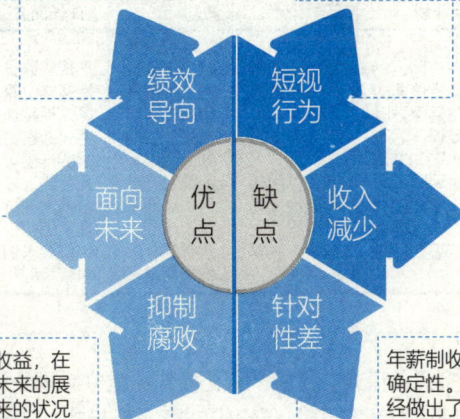

应用解析

常见年薪制的 5 种模式

特点＼年薪制模式	类公务员模式	一揽子模式	非持股多元化模式	持股多元化模式	虚拟持股多元化模式
适用对象	高级管理人员，尤其是国企中临近退休的高级管理人员	最高经营管理者	中高级管理人员，关键岗位人才		
适用企业	大型国企或对国民经济有特殊战略意义的大型集团公司或其控股公司	期望快速发展或面临特殊问题的企业	所有企业	股份制企业	所有企业
薪酬结构	A+C 相对固定的收入+养老金计划	B 固定数量的年终奖金	A+B 相对固定的收入+短期激励	A+B+C 相对固定的收入+短期激励+长期激励	A+B+C 相对固定的收入+短期激励+长期激励
激励作用	稳定体面的生活保障以及退休后高水平的退休金保障； 一定程度能约束管理者的短期行为	承包式的激励。激励作用较大，但可能引发短期行为。 激励作用的有效性发挥很大程度上取决于科学的考核	绩效与薪酬直接挂钩，相对传统薪酬模式更具激励性。但缺少激励长期行为的类目，可能激发人才的短期行为，影响长期发展	形式可以灵活多样，兼顾短期和长期，股票价格的升值可能会使人才获得大额财富，但实施条件要求相对较苛刻	把股权概念引入非上市公司甚至非股份制企业，利用虚拟股权让人才享受股权分配权的方式满足人才长期发展的需要

小贴士

非持股多元化模式、持股多元化模式和虚拟持股多元化模式 3 种模式是企业采取频率最多、最常见的年薪制模式。这三者之间的主要不同体现在长期激励的操作方面。

持股多元化模式中的股权，指的是实际股权，可以是直接持股，也可以是限制性股票或股票期权。虚拟持股多元化模式中的股权，指的是虚拟股权，可以是虚拟股票、年薪虚股制，也可以是账面价值增值权和股票增值权。

3.2 固定激励：用物质激励创造安全感

物质激励的首要作用，是给员工带来生活的安全感，这就要求物质激励中应当包含一部分相对确定的收入。这部分相对确定的收入通常以 3 种形式出现——基本工资、津贴和福利。当然，这部分相对确定的收入不代表员工无论如何都能得到。员工得到这部分收益的前提是履行岗位的基本职责。

3.2.1 基本保障：实现兜底的基本工资设计

问题场景

1 为了激励员工，我是不是该把员工的基本工资设置得低一些？

2 基本工资设置得太低，员工的安全感会降低，可能难以吸引和留住人才。

…

3 那我应该给员工的基本工资设置得高一些，这样员工就有充足的安全感了吧？

4 基本工资高员工确实会有安全感，但也可能让员工的工作动力不足，毕竟是相对固定的收入。

5 那该怎么办呢？

6 可以参考同行业或竞争对手基本工资的设置，取其平均值或最高值，和其保持一致即可。

问题拆解

基本工资既要考虑到兜底的基本生活保障，让员工有安全感，又不能设置得过高，让员工滋生的惰性。基本工资虽然不能直接起到激励作用，却能够在一定程度上影响员工的去留。越追求稳定的员工，基本工资对其影响效果越强。

方法工具

工具介绍

基本工资

基本工资是员工货币工资额的基本组成部分，是保障员工工作收入安全感的货币工资形式。与薪酬的其他组成部分相比，基本工资具有相对的固定性。一般来说，基本工资根据岗位、职级、能力、司龄等条件的不同而形成层级的差别。

基本工资的三大组成部分

员工在保证正常出勤且不违反国家相关法律以及组织规章制度规定的前提下，即便业绩或绩效没有达标，同样能够发放的奖金。

员工在保证出勤且不违反国家相关法律以及组织规章制度规定的前提下，不论员工对于工作职责履行的态度、过程、成果如何，员工都可以得到的、体现为货币形式的工资。

根据员工在本组织的服务时间，鼓励员工的忠诚度、稳定性、劳动贡献和工作经验的一种货币工资形式。司龄工资一般以年为计算单位。

固定奖金
固定工资
司龄工资

应用解析

基本工资三大组成部分设计思路

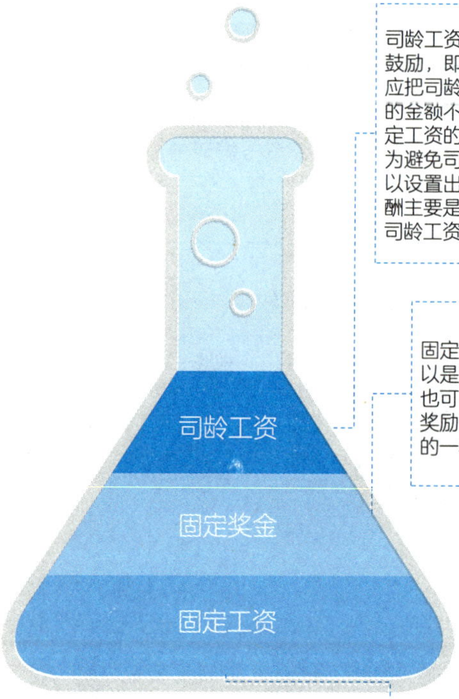

司龄工资
固定奖金
固定工资

司龄工资设置的目的应是给予员工象征性的鼓励，即便出现员工稳定性差的问题，也不应把司龄工资当成“救命稻草”。司龄工资的金额不宜设置较大，一般上限不宜超过固定工资的10%。

为避免司龄工资持续无止境地增长，一般可以设置出司龄工资的上限。有的公司贯彻薪酬主要是用来鼓励员工成果的思路，不设置司龄工资，这种做法也没问题。

固定奖金应根据团队的需要设置，可以是对员工付出足够努力的一种鼓励；也可以是对员工做出某种行为的一种奖励；还可以是对员工满足某些条件的一种激励。

设计不同岗位的固定工资时，要考虑当地的最低工资标准、同行业或竞争对手同类岗位固定工资情况、岗位需要最低技能要求人员的最低薪酬水平、岗位无绩效贡献时团队愿意为该岗位付出的最低成本等要素。

小贴士

固定工资和固定奖金中的“固定”不是绝对的，而是相对的。满足“固定”是需要具备某种固定条件的，比如全勤。二者之间的不同通常在于固定工资是可以折算的，而固定奖金一般只有“有”和“无”两种情况。

3.2.2 辅助补充：提供补偿的岗位津贴设计

问题场景

1
有的员工所处的工作环境比较恶劣，是不是该给这部分员工多发点奖金啊？

2
这种情况不该发奖金，应该设置一个岗位津贴来补贴员工。

3
岗位津贴和基本工资有什么不一样呢？

4
基本工资通常和员工的考勤及职责履行相关，而岗位津贴和员工出勤时所处的工作环境及工作条件相关。

5
津贴都有哪些种类？该如何设置呢？

6
可以包括岗位性津贴、技术性津贴、地区性津贴和保障性津贴4类。

问题拆解

津贴是补偿员工在某种工作环境、工作条件下的身体、物质或生活费用的消耗而额外增加的一种现金工资的补充形式。津贴可以按照多种方式设计，除了必须遵从制度或法规的规定设计外，团队还可以根据岗位特性自主设计。

方法工具

工具介绍

岗位津贴

岗位津贴是团队为了补偿员工在特殊的劳动条件或工作环境下的额外劳动消耗或生活费用的额外支出而设计的一种辅助工资形式。岗位津贴既有法律和法规规定的强制性部分，也有团队自主规定的个性化部分。

岗位津贴的 4 种类型

岗位性津贴指的是组织为了补偿员工在某些有着特殊劳动条件的岗位上劳动产生的额外消耗而设计的津贴。例如，高温作业津贴、冷库低温津贴、中夜班津贴、高空作业津贴、井下作业津贴、出差外勤津贴、殡葬特殊行业津贴、水上作业津贴等。

技术性津贴指的是组织为了激励员工达到某项技术等级或取得某项技术成果而设计的津贴。例如，技术工人津贴、技术职务津贴、技术等级津贴、特级教师津贴、科研课题津贴、研究生导师津贴、特殊教育津贴，以及一些政府特殊津贴等。

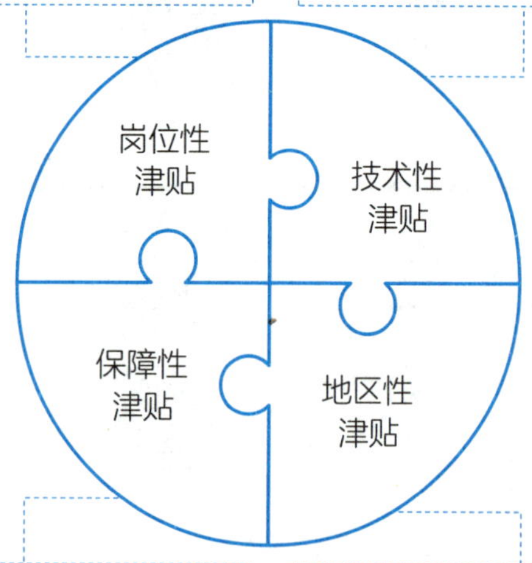
岗位性
津贴
技术性
津贴
保障性
津贴
地区性
津贴

保障性津贴是组织为了保障员工的工资收入和补偿员工部分生活费用而设计的津贴。例如，服装津贴、伙食津贴、住房津贴、房租津贴、交通津贴、过节津贴、书报津贴、卫生津贴等。

地区性津贴指的是组织为了补偿员工在某些特殊地点工作而产生的额外的生活费用支出或长期离乡背井的情感而设计的津贴。例如，外派津贴、边远地区津贴、高寒山区津贴、海岛津贴等。

应用解析

岗位津贴应用的 4 个关键点

岗位津贴要体现补偿性的特点，不应是向所有人员平均发放，而应根据不同岗位、不同条件、不同环境或范围，享受不同的岗位津贴。岗位津贴应与岗位挂钩，而不应该跟从事这个岗位的人绑定。

岗位津贴应该有明确的发放标准，也就是当某岗位满足某个条件时才发放。例如某团队规定，有高空作业要求的岗位，每当有从事高空作业要求的工作日，发放200元的高空作业岗位津贴。

条件范围
1
发放标准
2
支付方式
3
执行法规
4

国家法律以及地方法规政策对于一些津贴有明确的要求，在设计岗位津贴时，应满足相关规定的最低要求。

岗位津贴支付方式一般是每月随工资一起发放，但是由于某些岗位的特殊性，有时可以单独发放，有时可以待完成某项特殊任务后集中发放。

小贴士

除注意以上 4 点外，在设计岗位津贴前，还应当明确岗位津贴的发起、审批、测算、发放等各类流程的运行权限。在设计和运行岗位津贴的过程中，要加强监督审查工作。不能让该拿津贴的人拿不到津贴，也不能让不该拿津贴的人享受津贴。

3.2.3 美好体验：有激励性的福利如何设计

问题场景

1 如何让福利有激励效果呢？

2 咱们公司的福利是如何设计的呢？

3 就是逢年过节给员工发几百块钱的红包，直接打到员工的工资卡里。

4 这种福利属于那种发了等于没发，但没发不等于发了的福利，激励效果很小。

5 啊？我们都这样执行好多年了，为什么不好？

6 因为福利直接以现金形式发到员工的工资卡中，对员工来说只是数字，没有感觉，很快就忘了。购物时也没人会特别想着哪笔消费用的是福利费。

问题拆解

福利是为了激励人，而不是简单地给员工发金钱或物品。员工福利要真正发挥作用，绝对不是有没有、多不多、好不好的问题，而是用不用心的问题。什么叫用不用心？就是企业有没有把福利用在关键点上。

方法工具

工具介绍

福利

福利是团队给员工提供的劳动报酬的间接组成部分，它是在工资和奖金收入之外，向员工本人或其家属提供的货币、某类实物、某个机会、某项服务或某种权利等形式的报酬。团队通过向员工提供各类福利，能够更好地吸纳和留住优秀人才、增强员工的凝聚力、归属感、满足感或获得感，提高员工队伍的稳定性，从而提升组织的绩效水平。

激励性福利的三大特点

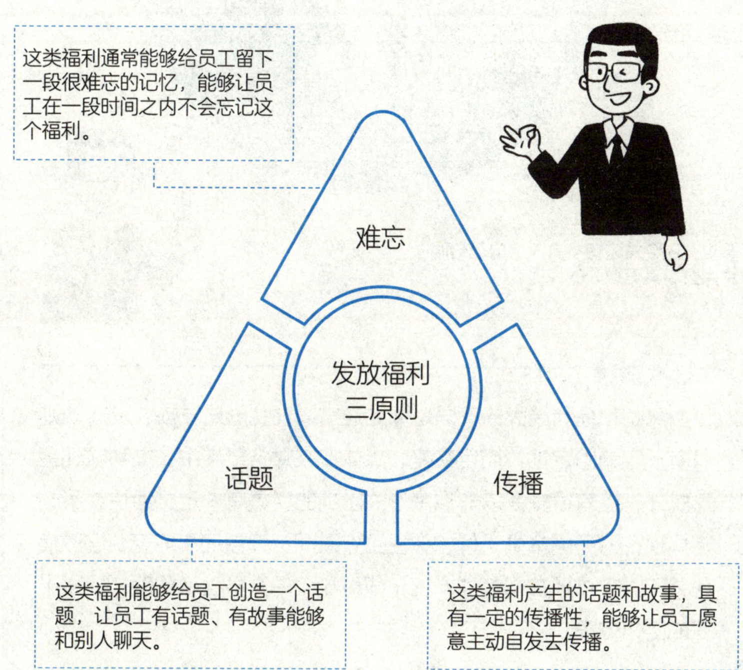
这类福利通常能够给员工留下一段很难忘的记忆，能够让员工在一段时间之内不会忘记这个福利。
难忘
发放福利三原则
话题
传播
这类福利能够给员工创造一个话题，让员工有话题、有故事能够和别人聊天。
这类福利产生的话题和故事，具有一定的传播性，能够让员工愿意主动自发去传播。

应用解析

案例：为什么出国旅游是激励性福利

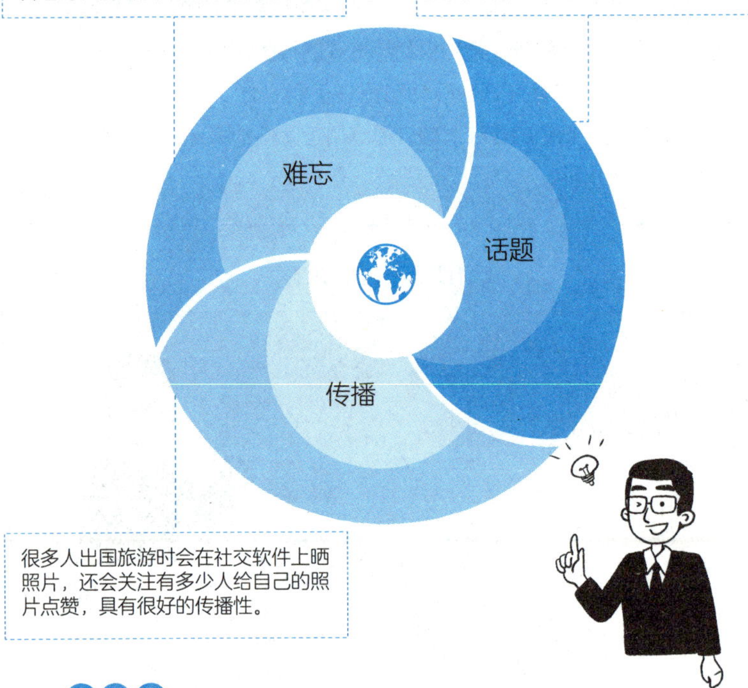
多数人不会经常出国，因此出国旅游是强记忆点，能够给人留下美好的记忆。人们会留存出国旅游的照片，打开看时，能回忆起当时的美好。
旅游经历是人们茶余饭后乐于聊的话题之一。人们乐于把旅游过程中的所见所闻，尤其是趣闻、趣事、趣谈讲给别人听。
难忘
话题
传播
很多人出国旅游时会在社交软件上晒照片，还会关注有多少人给自己的照片点赞，具有很好的传播性。

小贴士

津贴和福利最大的不同是津贴通常以现金形式发放，发放规则具有一定的固定性，而且最终必然体现在财务成本中；福利除现金形式外，还有很多是以非现金形式出现的，具有一定灵活性，不一定体现在财务成本中。例如弹性工作时间、弹性工作地点，这些福利并不直接体现在财务成本上，却可能会提升员工敬业度，提高员工的工作效率。

3.3 业绩倍增：销售人员物质激励设计

销售端是团队最直接的业绩来源，销售队伍就好比是一台挖掘机的“爪子”。“爪子”越大、越结实，一次能挖起来的东西就越多。销售提成是相对短期的物质激励，销售提成设计既强调即时性，又强调激励性，可以针对团队不同的需求设计。

常见的销售提成设计需求有 3 种，一是适用于快速开拓新市场、开发新用户的首单大力度提成法；二是适用于迅速扩大销售规模的阶梯提成法；三是适用于激发能力强的老业务员活力的竞争提成法。

3.3.1 开发客户：首单大力度提成策略

问题场景

1 有个团队想开拓新市场，我该怎么做呢？

2 你想得到什么，就可以重点奖励团队什么。

3 我想得到很多新客户，就重点奖励团队对新客户的销售吗？

4 是的，可以采用新客户首单大力度提成法。

5 用了这种方法后会不会让销售人员只注重开发新客户，不重视维护老客户了呢？

6 如果把新客户销售比例设置过高，确实可能出现这种情况。但新客户成交毕竟比老客户成交难，根据难度设置提成比例，就能有效避免这种情况。

问题拆解

设置销售提成的基本原理是你想得到什么就奖励什么。对很多具备重复购买特点的行业来说，新客户成交比老客户成交难。可以通过增加新客户的销售提成比例来鼓励销售人员开发新客户。当然，为防止销售人员忽略老客户，增加的比例应适当。

方法工具

工具介绍

首单大力度提成法

首单大力度提成法是当销售人员开发出新客户、在新区域开辟市场或卖出新产品时，对新客户 / 新市场 / 新产品的首单销售业务加大提成力度。这种销售政策能够鼓励销售业务人员积极扩展新业务、新市场或新客户，能够在短时间内快速增加客户数量。

首单大力度提成法适用于当前客户群体较稳定，销售业务主要依靠当前客户重复下单、消费或订货，为了增加经营业绩、避免经营风险，需要开发新客户的场景。但对于产品本身就具备一次性消费特性的团队，并不适用这种提成方式，例如房地产、汽车、家居销售等。

首单大力度提成法图示

老客户成交

提成为$a\%$

新客户成交

提成为$a\%+b\%$

应用解析

应用首单业务大力度提成法的 4 点注意

为防止销售业务人员只一味追求促成交易，不考虑客户的持续性，新客户首单销售形成后，可以设置后续还有 2～3次新销售业务产生时，才兑现首单业务的大力度提成。

有的销售人员鼓励用户购买小批量试用，借此获得高首单提成比例。要避免这种情况，可以规定首单金额达到一定程度时，才能获得提成比例，也可以规定首单达到某值时，加大提成力度。

持续
金额
条件
回款

为降低风险，实际应用首单业务大力度提成法时要注意规定获得提成金额的前提条件。正式运行前，可以先试用一段时间。在制度运行过程中，要注意做好监控，出现问题应及时调整。

有的销售人员为提高业绩，只顾一味销售，不考虑回款问题。为了减少应收账款，应规定首单回款的时间与提成比例的关系，或者可以直接规定按照回款额乘提成比例来计算提成额。

小贴士

没有不好的制度，只有不好的应用。人是趋利避害的，销售制度本身就是为了激发销售人员。销售人员因为销售制度的激发产生“钻空子”的行为是正常现象。很多销售提成政策应用有问题，不是因为人性复杂，而是因为制度设计本身有漏洞，留下了让人钻空子的机会。

3.3.2 开拓市场：指数阶梯型提成策略

问题场景

1 我们有个产品需要快速打开市场，但那个产品的销售团队看起来并不积极，怎么办呢？

2 如果拉大团队中收入最高销售人员和收入最低销售人员的收入差距，将会促进整个团队提高业绩。

3 为什么呢？

4 因为这样做能够增加提成对于销售团队人员带来的心理落差，心理落差的变化将会激发销售人员的行动。

5 具体要怎么做呢？

6 可以采用阶梯型提成法，销量越高，提成比例也越高。

问题拆解

要迅速打开市场，可以采用阶梯型提成法，激发销售团队行动。如果销售团队成员的收入差距与业绩成等比例关系，收入差距产生的心理落差并不大；但当收入差距与业绩成指数增加的关系，则销售人员更趋向于提高业绩。

方法工具

工具介绍

阶梯型提成法

阶梯型提成法指的是提成额与业绩增长呈阶梯型或指数型增长关系的提成形式。当业绩落在某个范围内时，销售提成的比例为 *A*，提成奖金额为提成基数 ×*A*；当业绩达到另一个水平时，提成比例为 *A*+*B*，提成奖金额为提成基数 ×（*A*+*B*）。

阶梯型提成法适用于期望产品迅速打开市场、扩大市场份额的情况。阿里巴巴当年发展 BTB（business-to-business）业务时，对销售业务员采取的就是阶梯型提成法。

阶梯型提成法示意图

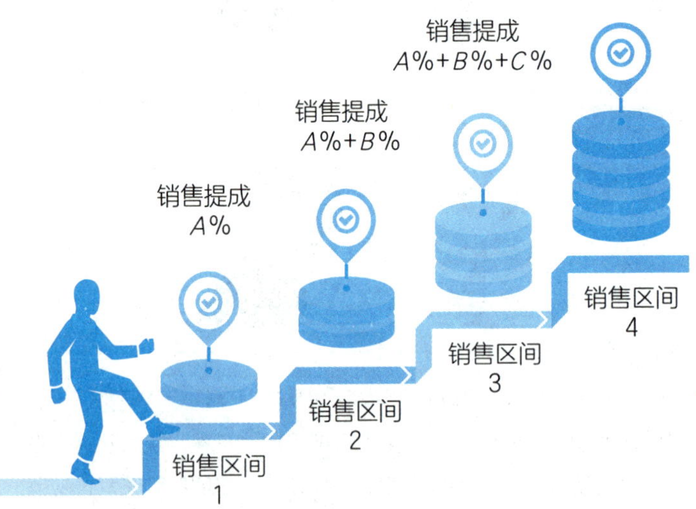
销售提成
A%+B%+C%+D%
销售提成
A%+B%+C%
销售提成
A%+B%
销售提成
A%
销售区间
4
销售区间
3
销售区间
2
销售区间
1

应用解析

阶梯型提成法案例

某汽车销售公司为了鼓励业务员销售，制定阶梯式的提成奖金政策如下表所示。

每月汽车销售数量（台）	每台车的销售提成（元）
$X<10$	100
$10\leqslant X<20$	200
$20\leqslant X<30$	300
$30\leqslant X<40$	400
$40\leqslant X<50$	500
$50\leqslant X$	600

该公司销售人员张三今年连续5个月的汽车销售量和提成 奖金额如下表所示。

月份	1月	2月	3月	4月	5月
汽车成交量（台）	35	8	22	28	41
月提成额（元）	14 000	800	6 600	8 400	20 500

小贴士

阶梯型提成法的核心是人为拉开销售团队成员的收入差距。实行阶梯型提成法后，销售队伍的收入差距会拉大。这种收入差距会形成激励效果，激励收入较低的销售人员努力提高业绩，从而增加个人收入。

3.3.3 潜能激发：团队内竞争提成策略

问题场景

1 有些团队中的老业务员开发出一些大客户后，就开始不思进取。这些人明明有能力，却不愿意努力扩展业务，宁愿躺在功劳簿上睡大觉。

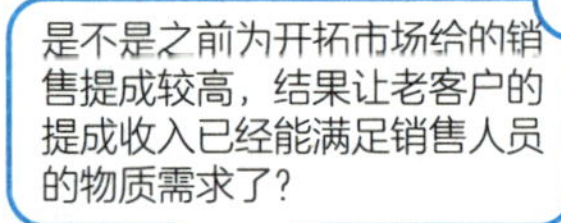
2
是不是之前为开拓市场给的销售提成较高，结果让老客户的提成收入已经能满足销售人员的物质需求了？

3 是的，这些老业务员觉得只要守住现有客户，收入已经很好了。

4 有没有可能给这些老业务员做区域轮换或岗位晋升调整呢？

5 我之前试着聊过，很难。因为这样做会直接减少他们的销售提成收益，比较敏感，我不好那么做，可不可以从销售提成设计的角度解决这个问题呢？

6 可以采用竞争提成法，用团队内部销售额占比来区分对待提成比例。

问题拆解

要应对销售提成收入较高的老业务员不作为的情况，首先可以尝试岗位轮换或晋升。从销售提成制度的角度，让销售提成比例与销售份额挂钩，利用新业务员的冲劲儿，增加老业务员的动力。

方法工具

工具介绍

竞争提成法

竞争提成法是让销售团队内部同类产品的销售人员强制“PK”（竞赛比较），根据“PK”结果采取不同的销售提成比例。这种方法可以激发销售人员的潜能、积极性和竞争意识，鼓励销售部门内部“比学赶超”的文化氛围。

竞争提成法通常适用于那些积极主动性差、行动力弱、执行力差、安于现状、没有明确工作目标和追求、潜能没有得到充分发挥的销售队伍。但同类别销售人员只有3人以下的销售队伍或负责关键大客户的销售人员不适用此方法。

竞争提成法示意图

销售份额落后最高　　销售份额保持平稳　　销售份额提升最高

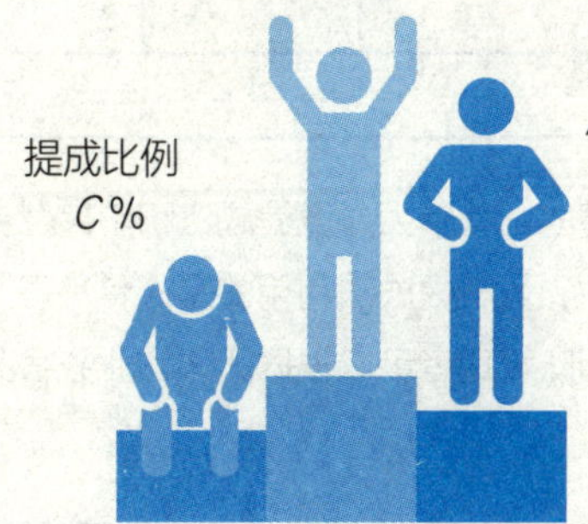
提成比例
A%+B%+C%
提成比例
A%+B%
提成比例
C%

应用解析

竞争提成法案例

在一个由多人组成的销售团队中，采用销售份额竞争提成法的具体做法如下。
某年3月，该团队的销售额一共为1 000万元，其中，张三为新人，其销售额最低，为20万元，占比为2%，李四销售额最高，为300万元，占比为30%。
到了4月时，该部门的销售额一共为1 200万元，张三的销售额还是最低，但达到了60万元，占比为5%，李四的销售额还是最高，为300万元，占比为25%。
因张三4月的销售份额环比提高了3%（5%-2%），李四4月的销售份额环比降低了5%（30%-25%）。张三的销售提成比例将增加，李四的销售提成比例将减少。

团队成员	3月销售额（万元）	3月销售额占比	4月销售额（万元）	4月销售额占比	4月与3月销售额占比差距
张三	20	2%	60	5%	3%
李四	300	30%	300	25%	-5%
……	……	……	……	……	……
合计	1 000	100%	1 200	100%	

小贴士

人都是趋利避害的。首单大力度提成法和阶梯型提成法利用的是人“趋利”的特性，竞争提成法利用的是人“避害”的特性。从趋利避害的角度，团队管理者可以根据团队的业务状况设计适合自己的销售提成策略。

3.4 核心保留：用长期物质激励留住人才

长期物质激励有助于留住核心人才，能够让员工和团队之间形成更紧密的连接，让核心人才愿意留在团队的同时，充分发挥核心人才的潜能，发挥出核心人才最大的价值。常见的长期激励方法包括股权激励和合伙人制度。

3.4.1 股权实施：股权激励方案设计

问题场景

1
团队中有些能力强的核心员工，不仅难以激励，而且很难留住。每次看到这类员工离职我都很无奈。

2
核心员工只通过短期物质激励是不够的，还要依靠长期物质激励。
NO!

3
我知道了，要通过股权激励是吧？

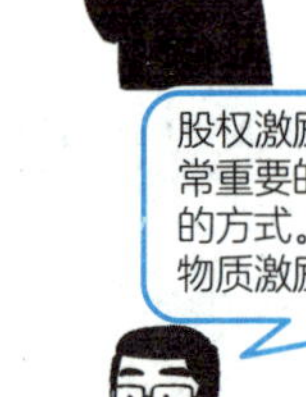
4
股权激励是长期物质激励中非常重要的一种，但并不是唯一的方式。除股权激励外，长期物质激励还有合伙人制度。

5
股权激励方案有什么好处呢？

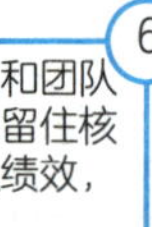
6
股权激励可以构建员工和团队的利益共同体，吸引和留住核心人才，不断提升团队绩效，自动约束员工的行为。

问题拆解

诺贝尔经济学奖获得者、美国著名经济学家罗纳德·哈里·科斯（Ronald H. Coase）曾说：“产权决定效率。”在商业世界，产权就是股权。公司股权如果只是老板一个人的，会收获一个工作效率极高的老板。公司的股权如果是 100 个员工的，会收获 100 个工作效率极高的员工。

方法工具

工具介绍

股权激励方案设计的 8 个步骤

设计股权激励方案时，可以按 8 个步骤开展实施，分别是定目的、定人选、定形式、定目标、定节奏、定考核、定规矩和定管控。这 8 个步骤的顺序不一定是固定的，但都可以作为股权激励方案中的 8 个关键点。

股权激励方案设计的 8 个步骤

定目的 1
2 定人选
定形式 3
4 定目标
定节奏 5
6 定考核
定规矩 7
8 定管控

制定和实施任何方案前，都要有明确的目的，同样，实施股权激励方案，也要有明确的目的。定好了目的，股权激励方案才能有的放矢。

股权激励的人选一定是公司期望长期留住的核心人才。核心人才通常是在态度、能力和绩效方便都非常优秀的人。

股权激励的形式有很多种，比较常见的有7种，分别是股票期权、限制性股票、股票增值权、虚拟股票、直接持股、年薪虚股制和账面价值增值权。

股权激励方案中的目标，通常包括两种，一种是公司目标，也可以称作组织目标；另一种是个人目标，也可以称作岗位目标。

制订股权激励计划时，要把握好时间节奏，既要考虑当下，又要考虑未来。一般来说，至少要考虑未来3～5年的节奏，还要考虑预留一部分股权。

考核能够进一步促进公司建立健全长期激励与约束机制，充分调动公司激励对象的积极性与创造性，促进公司健康、持续、快速发展。

没有规矩，不成方圆，规矩是所有人都应当遵守的行为准则，股权激励方案中同样应当有明确的规矩。

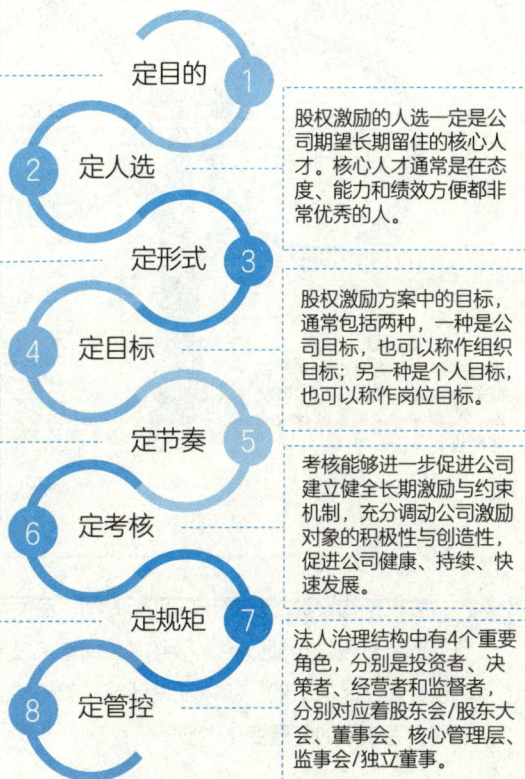

法人治理结构中有4个重要角色，分别是投资者、决策者、经营者和监督者，分别对应着股东会/股东大会、董事会、核心管理层、监事会/独立董事。

应用解析

设计股权架构要考虑的三大要素

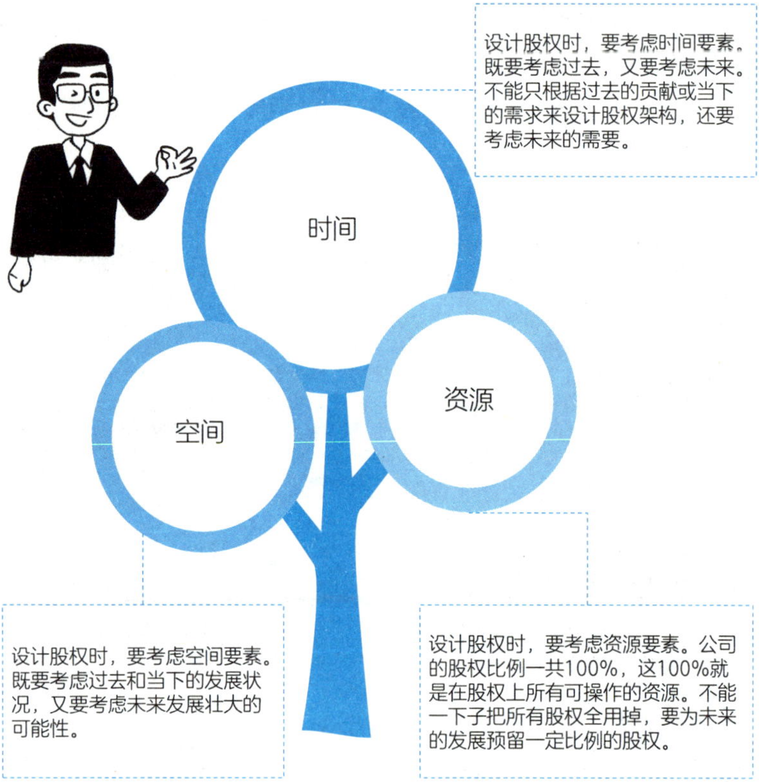

时间

设计股权时，要考虑时间要素。既要考虑过去，又要考虑未来。不能只根据过去的贡献或当下的需求来设计股权架构，还要考虑未来的需要。

空间

设计股权时，要考虑空间要素。既要考虑过去和当下的发展状况，又要考虑未来发展壮大的可能性。

资源

设计股权时，要考虑资源要素。公司的股权比例一共100%，这100%就是在股权上所有可操作的资源。不能一下子把所有股权全用掉，要为未来的发展预留一定比例的股权。

小贴士

股权架构设计，就是一门平衡时间、空间和资源的艺术。如果当下把所有股份全部分掉，不考虑公司未来发展需要，那么股权架构设计必然是失败的。所以在设计股权架构时，应保留一部分股份空间，为未来的发展变化做准备。

3.4.2　股权架构：股权激励比例设计

问题场景

1

要怎么设计股权激励的比例呢？是不是遇到优秀的核心人才就要给股权？

2

股权是有限的，不可能无限提供。股权代表着产权和所有权，如果滥发股权，创始人很可能失去控制权。

3

那看来我不能轻易出让股权，要不就只拿出10%来出让吧。

4

初创期，创始人持股100%也可以。但随着团队规模发展壮大，创始人不可能样样兼顾，这时候创始人占股比例过高可能会导致后续成长不足。

5

具体该怎么做呢？

6

设计股权激励时，可以对不同的人才做不同的功能定位。不同功能定位的人才获得的股权比例应当是不同的。

问题拆解

创始人的股权比例一般应控制在 51% 以上，这样能够保持控制权。过了初创期想谋求高速发展，需要大量人才支持，创始人应适当出让股权，以吸引核心人才。如果业务模式较简单，经营非常成熟，没有较高的外部资源或资金需求，此时创始人的股权比例可以占到 67% ~ 70%。

方法工具

工具介绍

合伙创业股权架构的 4 个角色

要做好股权设计，就要定位好团队中适合被分配股权的角色，以及这些角色适合的持股比例。一般来说，团队中适合被分配股权的角色可以分成 4 类，分别是创始人 / 联合创始人、业务经营者、资源提供者和资金提供者。

合伙创业股权架构的 4 个角色

创始人是公司成立时的一把手，是公司的核心人物。联合创始人是公司的创业元老，是最早和创始人一起创业的人。

业务经营者是保证公司稳步有序运营发展并保持市场竞争力的人才，包括高级管理人才和核心技术人才。

创始人
联合创始人

业务
经营者

资金
提供者

资源
提供者

公司的发展需要资金支持，公司获取资金的方式主要有两种：股权融资和债权融资。公司的估值和股权是换取资金的筹码。

公司的业务拓展免不了需要一些资源，这些资源也许只掌握在少数人或少数机构手里。向这些人/机构提供股权是一种比较有效的激励方法。

应用解析

合伙创业股权架构四大角色持股比例参考

类别	持股比例	推荐比例
创始人 联合创始人	51%~70%	51%
业务经营者	20%~30%	25%
资源提供者	0%~5%	5%
资金提供者	0%~20%	19%

小贴士

需要注意的是，不同角色的股权比例结构是在团队发展过程中逐步形成的，而非在成立初期一蹴而就的，但这不代表成立初期不需要关注股权架构比例。在成立之初，应提前规划团队未来的发展方向和股权比例，提前规划未来的可能走向，为不同角色预留出股权。

3.4.3 长效激励：合伙人制度模式设计

问题场景

1
股权是有限的，当还有很多人期望激励，但股权不够用怎么办呢？或者股权已经比较固定，不能再用股权予以激励，怎么办呢？

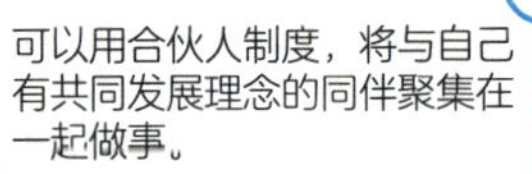

2
可以用合伙人制度，将与自己有共同发展理念的同伴聚集在一起做事。

3
合伙人不也是股东吗？不也要拥有股权吗？

4
不一定，合伙人可以是股东，也可以是非股东，和团队一起完成某项事业，在合伙事业上共享收益、共担风险。

5
那个人自己就可以创业了，为什么还要合伙呢？

6
不一定，个人的资金和资源有限，合伙可以形成资源整合和能力整合，最大化个人收益。

问题拆解

合伙制最大的特点是创造拥有感。这种拥有感不是法律上的拥有概念，不一定是真真切切的全部拥有，而是一种归属感和持有感。在合伙人制度下的每位合伙人都拥有参与经营的权利，团队如何发展、发展到什么程度是每一位合伙人都需要考虑的问题。而且发展的程度在一定程度上也取决于各合伙人之间的关系及各自为团队发展做出的努力。

方法工具

工具介绍

合伙人制度

合伙人制度赋予了合伙人权利、责任和前景，这种制度使得合伙人变“给老板打工”的心态为“给自己打工”的心态，从而更加积极地投入工作。人都是利己的，当团队命运与合伙人自己的发展相挂钩时，就能持续性地激发出合伙人的激情，这种激励是长久的、可持续的。

合伙人制度没有固定的模式，实务中常见的模式有 3 种，分别是股东合伙人模式、事业合伙人模式和生态链合伙人模式。

合伙人制度的 3 种模式

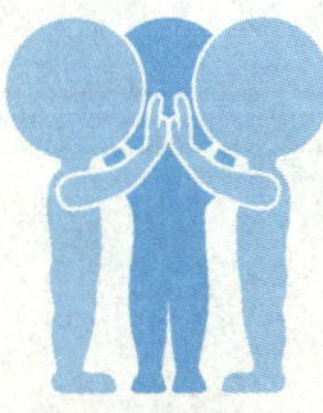

股东合伙人

既包含普通的企业合伙人，也包括有限责任公司中的股东。有限责任公司的股东，若在管理意义上上升为合伙人，则可以称之为股东合伙人。

事业合伙人制度在本质上就是以企业为平台、以项目事业为结点与人才建立一种不同于雇佣和股东的关系，从而使人才成为企业的合伙人。

事业合伙人

生态链合伙人

有相应能力的企业能够成功地发起和主导生态链合伙，这种能力包括创收能力、资本运营能力以及系统管控能力。

应用解析

选择合伙人的 3 种方法

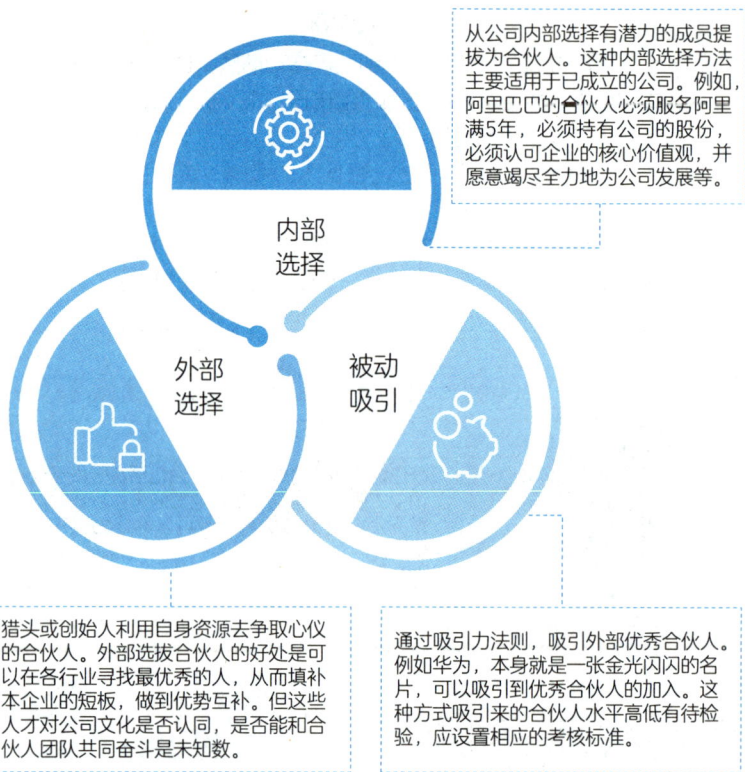

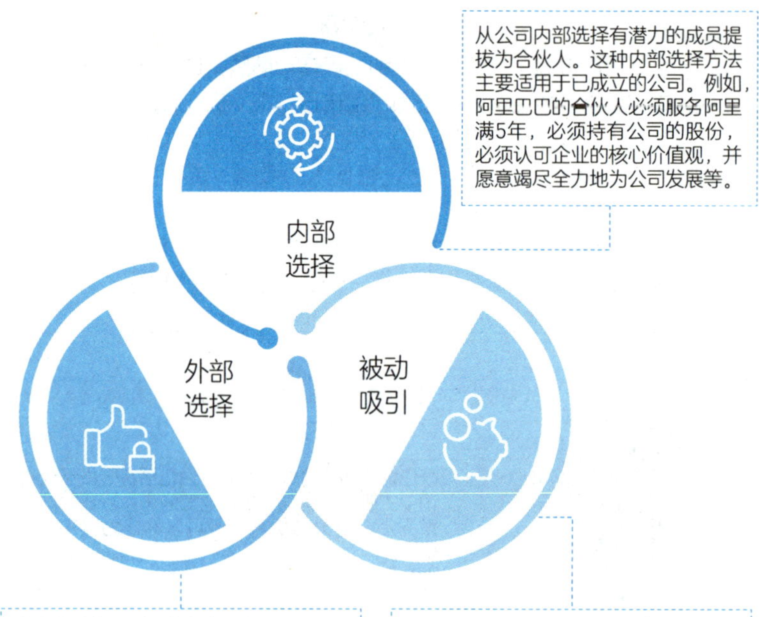
内部
选择
外部
选择
被动
吸引

从公司内部选择有潜力的成员提拔为合伙人。这种内部选择方法主要适用于已成立的公司。例如，阿里巴巴的合伙人必须服务阿里满5年，必须持有公司的股份，必须认可企业的核心价值观，并愿意竭尽全力地为公司发展等。

猎头或创始人利用自身资源去争取心仪的合伙人。外部选拔合伙人的好处是可以在各行业寻找最优秀的人，从而填补本企业的短板，做到优势互补。但这些人才对公司文化是否认同，是否能和合伙人团队共同奋斗是未知数。

通过吸引力法则，吸引外部优秀合伙人。例如华为，本身就是一张金光闪闪的名片，可以吸引到优秀合伙人的加入。这种方式吸引来的合伙人水平高低有待检验，应设置相应的考核标准。

小贴士

如果选错合伙搭档，很可能为团队日后发展留下隐患。所谓“兵熊熊一个，将熊熊一窝”，因此，设计一款有效的合伙人制度，就得先从寻找对的合伙人开始。选择合伙人的途径和标准可以有很多种，但是有一个准则是永恒不变的，那就是“多方位、多角度地选择”。

04

精神激励：低成本、高效率的激励

本章背景

1
有没有成本比较低的激励方式呢?

2
有啊，精神激励就是从财务角度看成本比较低、效果比较好的激励方式。

3
我发现包括我在内，我们团队的管理层之前似乎都太重视物质激励，忽略了对员工的精神激励。

4
物质激励固然重要，但如果只有物质激励，没有精神激励，是起不到人才激励效果的。

5
团队管理者要如何做好精神激励呢?

6
可以和员工建立情感账户，构建和谐的工作氛围，保持持续沟通等。

背景介绍

精神激励是一种无形激励，是通过让员工在精神上获得某种正面感受而实现的员工激励。每个人都希望自己被尊重、被认可、被重视，管理者对员工实施精神激励的成本更低，而且得到的效果往往大于物质激励。

4.1 情感激励：建立与员工的情感连接

管理者与员工之间建立情感连接是实施员工激励的基础。如果管理者和员工没有情感连接，任何激励方式都将是无效的。管理者通过对员工表达尊重、关爱员工、与员工建立信任，都有助于管理者与员工建立情感连接。

4.1.1 尊重激励：开通员工的情感账户

问题场景

1
我发现很多团队管理者和员工之间不亲近，总是给员工一种高高在上的感觉。

2
这也许正是你的团队做不好精神激励的问题根源。这样会拉开管理者和员工的心理距离，不利于形成团队凝聚力。

3
因为管理者和员工天然是上下级关系，这是不是必然会存在的矛盾呢？

4
并不是，优秀的团队管理者懂得尊重员工，淡化层级感，会主动与员工建立起情感连接。

5
听起来这是员工激励很关键的一环。具体要怎么做呢？

6
团队管理者要把自己当成普通员工，消除层级感，多和员工沟通交流，多了解员工的工作和生活情况，从内心关心和爱护员工。

问题拆解

根据工作需要，团队管理者和员工的分工不同，一方实施管理，一方被管理，但这不代表双方存在实质上的不平等关系。团队管理者如果不能给员工基本的尊重，很可能会引起员工反感，引发员工的对抗情绪。即使员工在工作中不直接表现出来，也会影响工作效率和成果。情感连接的效应是相互的，不懂得尊重员工的管理者，也很难得到员工发自内心的尊重。

方法工具

工具介绍

尊重激励

每个人都有被尊重的需要，当员工感受到被尊重时，有助于团队管理者和员工之间形成亲和的工作氛围，有助于强化员工的工作热情，提高员工的积极主动性。员工更容易感受到工作带来的快乐，而不是负担。团队管理者不能因为自己是管理者就和员工“保持距离”，要学会发自内心地尊重员工，并通过一些方式表达自己对员工的尊重。

团队管理者尊重员工的 4 个细节

记住员工名字是对其最基本的尊重，然而这也是团队管理者很容易忽略的。这个细节在对待新员工时，或对于新上任的管理者来说，非常有帮助。

通过沟通，团队管理者应适度了解员工的基本情况，包括员工的喜好、兴趣、个性以及员工家庭的基本情况，体现出管理者对员工的关心。

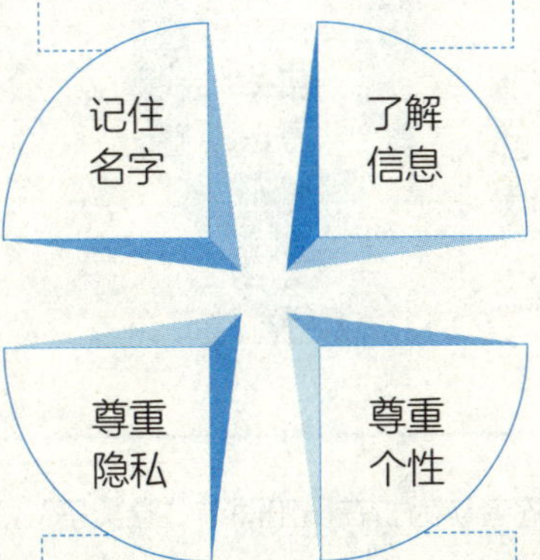
记住
名字
了解
信息
尊重
隐私
尊重
个性

团队管理者对员工表达尊重的过程中免不了需要与员工沟通。对于员工不愿分享的隐私，管理者要充分尊重，不要探寻员工的隐私，引起员工的反感。

每个员工都有独特的个性。团队管理者不应以自己的好恶来评判员工的个性，不要总是试图改变员工的想法，在保证工作结果的前提下，要包容和尊重员工的个性。

应用解析

团队管理者尊重员工的 5 个关键

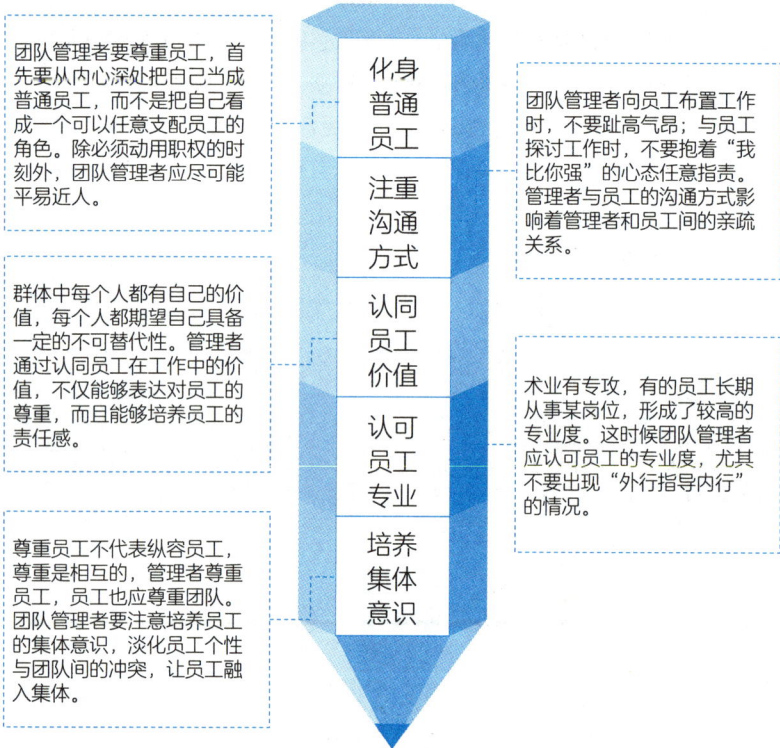

化身普通员工：团队管理者要尊重员工，首先要从内心深处把自己当成普通员工，而不是把自己看成一个可以任意支配员工的角色。除必须动用职权的时刻外，团队管理者应尽可能平易近人。

注重沟通方式：团队管理者向员工布置工作时，不要趾高气昂；与员工探讨工作时，不要抱着“我比你强”的心态任意指责。管理者与员工的沟通方式影响着管理者和员工间的亲疏关系。

认同员工价值：群体中每个人都有自己的价值，每个人都期望自己具备一定的不可替代性。管理者通过认同员工在工作中的价值，不仅能够表达对员工的尊重，而且能够培养员工的责任感。

认可员工专业：术业有专攻，有的员工长期从事某岗位，形成了较高的专业度。这时候团队管理者应认可员工的专业度，尤其不要出现“外行指导内行”的情况。

培养集体意识：尊重员工不代表纵容员工，尊重是相互的，管理者尊重员工，员工也应尊重团队。团队管理者要注意培养员工的集体意识，淡化员工个性与团队间的冲突，让员工融入集体。

小贴士

有的团队管理者认为，在员工面前“端架子”能体现“威严”，以便员工更好地服从自己。实际上，这样做只会让彼此关系疏远。团队管理者要通过员工完成工作，员工对管理者指令的完成质量不在于管理者指令下达得多么强势，而在于员工内心对管理者的认可程度。要获得员工认可，管理者首先要学会表达对员工的尊重。

4.1.2 关爱激励：向情感账户不断存款

问题场景

1
我发现我们团队很多管理者和员工之间的沟通过于官方，完全没有你前面说的情感连接。

2
这种情况可以尝试让团队管理者多关爱员工。

3
我以前觉得关爱员工是团队管理者的个人特质决定的，学不来。

4
管理者的个人特质确实会决定其关爱员工的主动程度，但关爱员工本身是团队管理者必备的技能之一。

5
关爱员工是一种技能？我还是第一次听到这种说法。如果是技能，那就应该可以被培养。

6
没错，这种技能不仅可以被培养，而且有具体的方法、步骤和操作细节上的注意事项。

问题拆解

很多团队管理者错误地认为，要想有效激励员工，需要通过高工资、高奖金、高福利进行强物质刺激。这些物质刺激固然重要，但比不上团队管理者日常对员工关爱的影响深远。就像水滴石穿，水滴虽然不能一下子击碎岩石，但能够通过时间，长久改变岩石的形状，团队管理者对员工的关爱就像水滴一样，浸润着员工的心灵。

方法工具

工具介绍

关爱员工

团队管理者对员工的关爱是员工激励方式之一，也是管理者必备的技能之一。关爱员工有助于团队管理者和员工之间建立情感连接。

关爱员工有常法，无定式，不仅需要团队管理者“用眼”“用嘴”，更要“用心”。团队管理者对员工的关爱就像是往“情感银行”的账户中储蓄，每一次“用心”，都是一笔储蓄金，当账户达到一定额度之后，将会反馈利息。

团队管理者关爱员工的 4 个细节

团队管理者应当记住员工基本信息的细节，包括员工生日、员工家人姓名、员工家人生日、员工身体情况、员工离家距离、员工上下班方式等，体现出对员工的关爱。

不同年龄段、不同经验、不同文化背景的员工，关注的重点是不同的。团队管理者在表达对员工的关爱时，应当关注这些不同，对不同的员工采取不同的沟通关怀策略。

记住
细节信息
实施
多样关怀
提供
必要支持
适时
帮助员工

当员工在工作上需要支持的时候，管理者要尽全力给员工提供必要支持。比如，员工在开展某项工作时需要管理者帮其协调某项事务，管理者应当主动站出来帮助员工。

当员工在生活上需要帮助的时候，团队管理者应尽力给员工提供适时帮助。比如，当员工家庭遇到某方面困难时，通过慰问走访、组织捐款等形式，帮助员工渡过困难。

应用解析

团队管理者做好员工关爱的 5 项工作

每周谈话一次：与员工谈话是团队管理者表达对员工关爱最基本的方式，一般来说，团队管理者每周至少要与每个员工谈话一次，平均每周的谈话时长在半小时左右。

关注身心健康：团队管理者要关注员工的身心健康，对于身体某方面健康状况有问题的员工，团队管理者应当给其更多的关心，例如给员工提供体检或治疗的机会。

满足员工需求：员工有不同的需求，有的员工想职级晋升，有的员工想不断学习，还有的员工想要实现生活和工作平衡。管理者不应把自己的想法强加给员工，要适当满足员工的个性化需求。

解决后顾之忧：衣、食、住、行、用等是员工生活中最关心的问题，好的团队管理者总能提前想到员工在这些方面可能存在的困难，帮助员工解决后顾之忧。

提供工作条件：团队管理者应保证员工的工作安全，为员工提供必要的工作条件。工作条件影响着员工对工作岗位的选择及员工是否愿意长期留在工作岗位上工作。

小贴士

规章制度是对员工行为的“约束”，而团队管理者对员工的关爱是对员工行为的“激发”。如果用开车来比喻，规章制度更像“刹车”，管理者对员工的关爱则更像“油门”。做好员工激励，应当多踩“油门”，少踩“刹车”。

4.1.3 信任激励：让情感账户长久有效

问题场景

1 我发现有的团队管理者特别忙，团队里的员工却比较闲，这种情况应该不正常吧？

2 确实，如果团队管理者比较忙，下属应当和管理者一起分担工作。为什么会出现这种情况呢？

3 我问过几个人，得到的回答大多是怕员工做不好。

4 这是典型的对员工不信任，不尝试让员工做，怎么知道员工一定做不好呢？

5 我说过这个问题，可他们反问我，一旦做错了，造成了损失，算谁的？我还真不知道怎么回答。

6 作为团队管理者，要允许员工犯错，包容员工犯错。容得下员工犯错，才换得来员工成长。

问题拆解

员工是否犯错不是最关键的，员工是否尽全力才是最关键的。团队管理者因为担心员工犯错而不给员工分配工作任务，不仅是不懂工作分工与授权的表现，也是对员工不信任的表现。员工感受不到来自团队管理者的信任，无法获得认同感，可能会自尊心受挫，没有归宿感，从而对工作产生倦怠，甚至可能造成团队貌合神离。

方法工具

工具介绍

建立信任

每个人都期望得到别人的信任，这种期望在上下级关系中表现得更加明显。信任会增强员工的使命感，进而激发出员工完成任务的责任感。

员工如果能感受到自己被团队管理者信任，将会发挥更强的工作积极性，愿意为团队付出更多。感受到来自团队管理者信任的员工会担心自己辜负团队管理者的信任，从而想办法尽最大的努力，用更好的成绩来证明自己值得被信任。

团队管理者与员工建立信任的 5 个细节

行胜于言：团队管理者对员工的信任不是表现在口头上，而是体现在行为上。有的团队管理者嘴上说得好，实际行动却处处防着员工，不放手让员工做事，员工依然感受不到信任。

允许犯错：允许员工犯错是团队管理者表现对员工信任的好方法，不是所有人一开始就能把事情做好。通过放手，允许员工犯错，员工才能放心大胆地开展工作，获得能力上的提升。

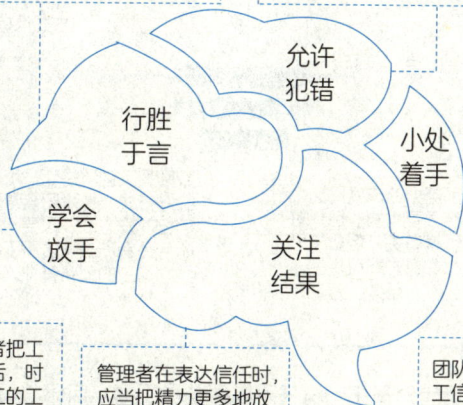

学会放手：有的团队管理者把工作布置给员工后，时时过问，对员工的工作指指点点，让员工感受不到信任感。管理者要学会放手，下放权利，可以观察和关注员工，但要学会不插手。

关注结果：管理者在表达信任时，应当把精力更多地放在结果上，而不是过程上。条条大路通罗马，有时候过分关注过程，可能会影响员工的计划节奏，让员工不知所措。

小处着手：团队管理者体现对员工信任的方式不是一下子把重要性比较强、难度比较大的工作直接交给员工做，可以从点滴的小事开始，之后再逐渐把比较重要的事放手交给员工。

应用解析

团队管理者体现员工信任的 6 个关键

更多责任：赋予员工更多责任将会激发其使命感和责任感，促使员工产生行动。更多责任对应着更多权利和更大利益，如果没有匹配的权利和利益，员工可能不会感受到被激励。

发挥空间：团队管理者既然信任员工，就要给员工一定的发挥空间，不能处处管着员工，要求员工每一个行动都向自己汇报，或对员工的每一项工作都要检查。

正视错误：团队管理者可以给员工的错误分类，对员工无心为之、环境偶然产生或不可抗力造成的错误，视为员工能力提升须付出的成本，不必苛责。

正视信任：团队管理者在布置工作之后，可能会对工作结果产生过高的预期。工作结果达不到预期不一定是员工的问题。团队管理者应对与员工建立信任这种激励方式保持信心。

强调努力：员工为了一个目标而努力的态度比这个目标有没有达成的结果更重要。目标有没有达成，与很多因素有关，但员工愿意为之努力的态度，却是难能可贵的。

鼓励创新：鼓励员工创新是让员工展现主观能动性的好方式，也是团队管理者传达对员工信任的好方法。只要不是员工有意，团队管理者不应苛责员工创新失败，而应鼓励员工的创新精神。

小贴士

团队管理者对员工的信任可以帮助员工建立自信心，提高员工进步的动力，提升员工的工作热情，提升员工的忠诚度，降低员工离职率。给员工信任的关键，不是团队管理者自己认为自己信任员工，而是让员工真切感受到被信任。

4.2 氛围激励：让员工感受团队的温暖

团队给员工的创造的环境氛围影响着员工激励的效果。良好的工作环境氛围有助于给员工创造更好开展工作的条件，让员工心理上获得舒适感，进而产生满足感，并通过这种满足感外显在行为上。

4.2.1 安全激励：为员工心灵遮风挡雨

问题场景

1
当我不在公司的时候，总有种担心和焦虑，害怕团队会突然出问题。

2
你这是缺乏安全感的表现啊。

3
哎……也许身为创始人就会这样吧！

4
确实，我很理解你的感受。不过，你有没有想过员工们平时在担心什么？员工们有没有可能也缺乏安全感？

5
员工也会缺乏安全感？我看大部分员工上班也没什么心事，活得比我自在多了。

6
工作状态不能完全反映出员工内心的安全感。很多时候正因为员工没有安全感，才不愿意全身心投入工作。

问题拆解

很多团队存在“高层不放心中层，中层不放心基层，基层不放心工作”的情况，整个团队从上到下都缺乏安全感。如果员工缺乏安全感，再好的激励方式也起不到效果。要做好员工激励，首先要保证员工具备基本的安全感。

方法工具

工具介绍

安全激励

安全感是员工安心工作的基础，是每个人都会追求的底层情感。

当团队能够给员工足够的安全感时，员工将会更加安心工作。安全激励正是通过增加员工的安全感，从而提高员工对激励的敏感程度。

但要注意，安全激励是有边界的。追求安全激励不代表团队需要给员工提供过分的安全感。当团队给员工提供的安全感过高时，员工可能会陷入舒适圈，这时候员工反而不愿意行动。

安全激励的三大维度

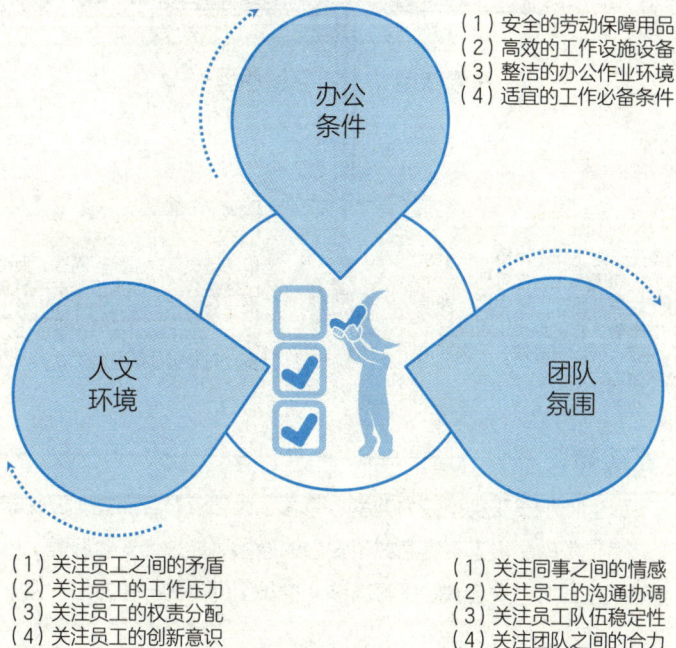

办公
条件
（1）安全的劳动保障用品
（2）高效的工作设施设备
（3）整洁的办公作业环境
（4）适宜的工作必备条件
人文
环境
（1）关注员工之间的矛盾
（2）关注员工的工作压力
（3）关注员工的权责分配
（4）关注员工的创新意识
团队
氛围
（1）关注同事之间的情感
（2）关注员工的沟通协调
（3）关注员工队伍稳定性
（4）关注团队之间的合力

应用解析

常见 4 种员工类型与安全激励方式

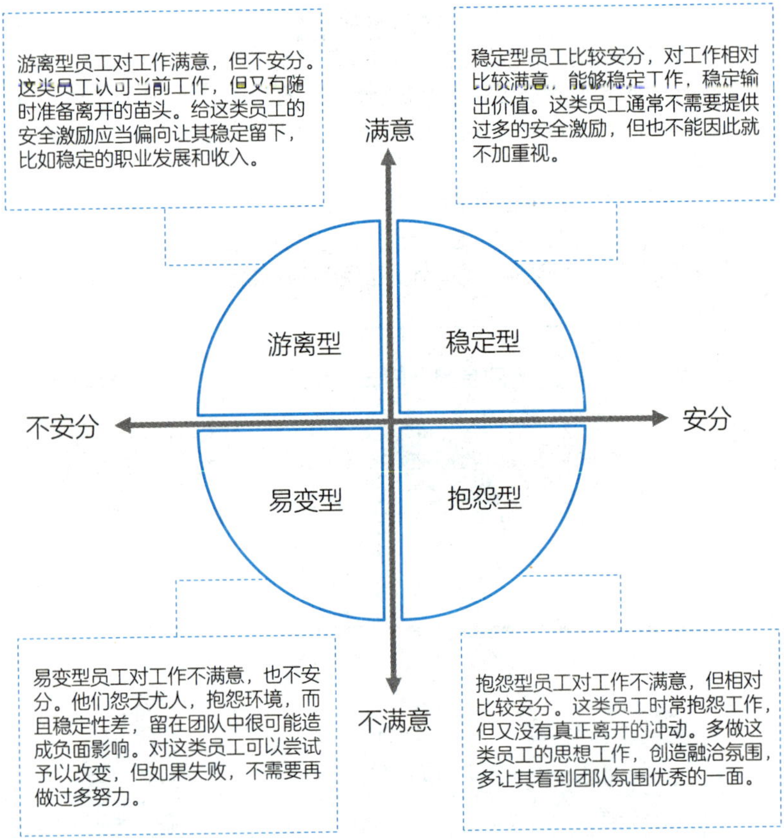

满意
不满意
不安分
安分

游离型：游离型员工对工作满意，但不安分。这类员工认可当前工作，但又有随时准备离开的苗头。给这类员工的安全激励应当偏向让其稳定留下，比如稳定的职业发展和收入。

稳定型：稳定型员工比较安分，对工作相对比较满意，能够稳定工作，稳定输出价值。这类员工通常不需要提供过多的安全激励，但也不能因此就不加重视。

易变型：易变型员工对工作不满意，也不安分。他们怨天尤人，抱怨环境，而且稳定性差，留在团队中很可能造成负面影响。对这类员工可以尝试予以改变，但如果失败，不需要再做过多努力。

抱怨型：抱怨型员工对工作不满意，但相对比较安分。这类员工时常抱怨工作，但又没有真正离开的冲动。多做这类员工的思想工作，创造融洽氛围，多让其看到团队氛围优秀的一面。

小贴士

以上 4 种员工类型较为典型，包含了大部分员工属性，但并非全部员工类型。员工不满意或不安分的原因可能来自安全感差，也可能不是，所以安全激励是解决这 4 类员工问题的一种方法，但不是唯一解法。

4.2.2 平等激励：用氛围创造激励基础

问题场景

1 有些员工向我反映，说自己受到了不公平的待遇。这是不是说明团队没有给员工提供公平的环境？这不利于员工激励吧？

2 可以看看这是面的问题还是点的问题，看是不是团队规则系统出了问题。不过，过分追求员工的公平感是没有意义的。

3 为什么？让员工感觉公平不应该是一件很重要的事吗？

4 公平是一种主观感受，而不是客观事实，每个人对公平的定义和感觉都不一样，我们不可能让每个人都觉得公平。

5 难道这种情况我就不管了吗？

6 当然不能不管，我们应当了解一下具体情况。然后，与其追求公平，不如追求平等。

问题拆解

公平感虽然是员工激励的基础，但每个人对公平的定义是不相同的，有的人认为平均分配就是公平，有的人认为公平应该根据情况分配，而不是平均分配。就算在认为根据情况分配才算公平的人当中，对于应该根据什么情况、采取何种程度分配的观点也各不相同。因此，追求绝对公平并不现实，追求内部平等却是能够实现的。

方法工具

工具介绍

平等激励

平等是激励的重要基础。很多团队管理者和员工处于对立的位置，给管理造成很大的障碍。这种障碍源于团队管理者和员工之间天然的层级划分。人人平等的氛围能够消除团队中的层级意识。团队管理者通过塑造和员工之间平等的感觉，能够给员工创造良好的工作体验，让员工感受到人性化管理，激发员工的主观意愿和创造性。

塑造平等感的 3 种方法

直呼姓名

员工对管理者的称呼影响着彼此心理上的层级感，影响着双方的角色定位。直呼姓名有助于消除层级意识。

直截了当

管理者对员工不绕弯子式的直爽管理能够让沟通氛围变得简单明了。简单的管理会弱化员工被管理的感觉。

直说不满

如果员工心中有不满时可以把心中的不满直接说出来，有助于改善管理者和员工之间的关系，平稳员工情绪。

应用解析

塑造平等感的 3 点注意事项

并非真实平等

与公平感类似，团队管理者不可能让每个员工感到平等。很多时候就算团队管理者做得再好，也不可能让所有员工觉得平等，所以不必过分追求所有人的满意。

不必吹毛求疵

团队管理者不需要过分担心平等感可能带来的负面效果，应用时可以保留基本的威严。团队管理者给员工塑造的是主观上的平等感，而不是客观意义上的平等。

不意味着任性

平等不代表员工可以不分主次、不讲规则、任意妄为。虽然应当平等，但也不能因为追求平等而在工作中失去上下级的基本礼数，或乱了团队规矩。

小贴士

阿里巴巴有个独特的员工称谓制度，叫花名制度。凡是加入阿里巴巴的员工，都要给自己取一个花名。在阿里巴巴内部，大家都以花名相互称呼，这样做不仅能彰显个人形象，增加工作趣味，而且能消除等级感，减少差异感，拉近同事间的距离。

4.2.3 快乐激励：心情愉悦带来行动力

问题场景

1
我发现团队里有很多员工上班总是闷闷不乐的。

2
因为这些员工上班感受到的更多不是快乐，而是痛苦吧。

3
有时候我也在想，快乐有那么重要吗？会不会让员工痛苦一点反而是好事？

4
怎么会！快乐能够让员工更快速、更高质量地完成工作。而痛苦只会让员工产生负面情绪。

5
工作又不是过家家，员工的工作压力小还怎么为公司创造价值？

6
工作压力大小和工作快乐不快乐是两回事。工作压力大，一样可以快乐；工作压力小，一样会不快乐。

问题拆解

很多团队管理者通过给员工施压，来促进员工采取行动。这类团队管理者判断是否可以向员工继续施压的标准，就是看员工的工作情绪。如果员工比较快乐，则代表还可以继续向员工施压；如果员工比较痛苦，则代表压力已给足。这类管理者的做法最终换来的通常是员工的离职。

方法工具

工具介绍

快乐激励

员工对工作的感觉影响着员工的工作效率、稳定性和满足感。让员工快乐工作，能够让员工获得愉悦感。

愉悦能够增强人的行动力，让员工不把工作当负担，而是当成自己愿意做的事。让员工感受到工作的快乐与对员工的工作数量、工作质量、工作交期等的严格要求并不矛盾。相反，让员工快乐地工作能够激发员工的主动性和创造力，反而会优化员工的工作成果。

影响员工快乐程度的三大要素

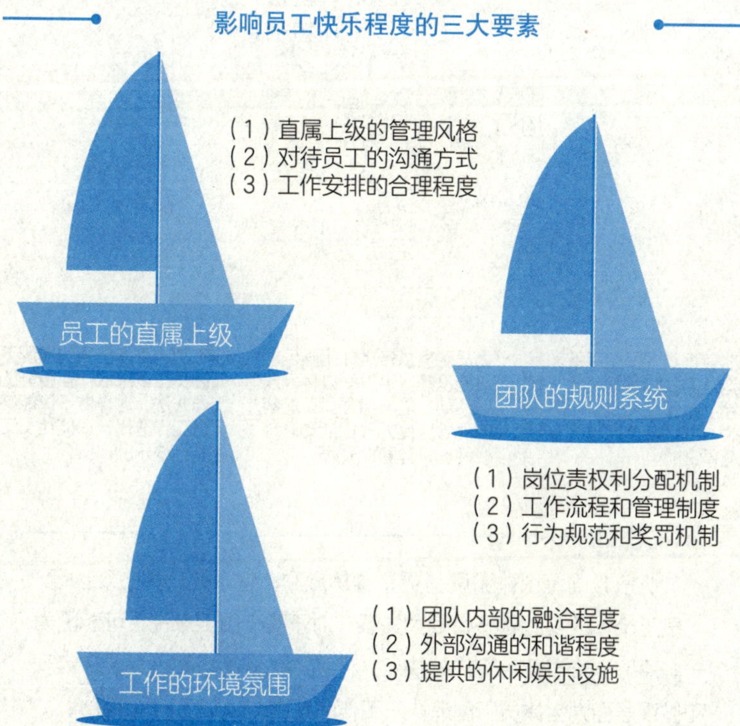
（1）直属上级的管理风格
（2）对待员工的沟通方式
（3）工作安排的合理程度
员工的直属上级
团队的规则系统
（1）岗位责权利分配机制
（2）工作流程和管理制度
（3）行为规范和奖罚机制
工作的环境氛围
（1）团队内部的融洽程度
（2）外部沟通的和谐程度
（3）提供的休闲娱乐设施

应用解析

让员工快乐工作的 6 种方法

对于那些能够既快乐又努力地工作，同时又能收获事业成功、职业发展和物质回报的员工，可以将之树立成榜样，供其他员工学习。

鼓励团队中的多元思维，尊重员工的不同意见，鼓励员工大胆发表和交流不同的观点，尝试采纳员工的不同想法。

团队管理者不应在团队中制造过于刻板、严肃的气氛，即使工作时间和任务紧迫，但工作氛围可以是轻松和愉悦的。

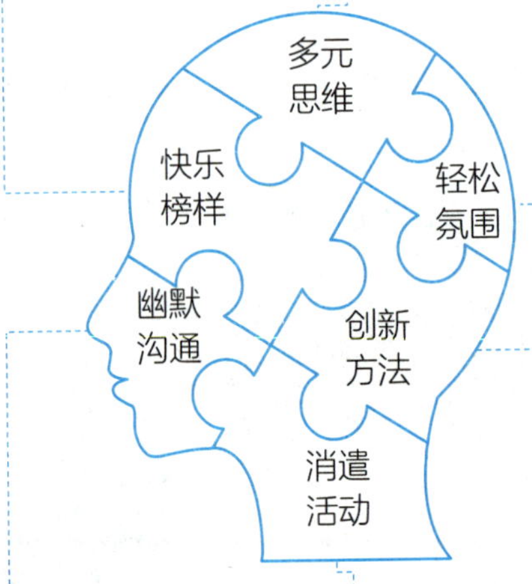
多元
思维
快乐
榜样
轻松
氛围
幽默
沟通
创新
方法
消遣
活动

团队管理者对员工采取幽默的沟通方式能够弱化上下级关系，让员工感受到平等和愉悦，在团队内部形成良好的氛围。

为员工提供各类休闲娱乐的设施设备，通过举办休闲娱乐活动，能够增强员工的趣味体验，比如登山活动、游戏活动、体育比赛等。

在不影响工作结果的情况下，鼓励员工多采取一些新鲜的工作方法。这样做不仅能够促进工作迭代，还能让员工感受到快乐。

小贴士

快乐激励是个体激励，更是群体激励。快乐是一种主观因素，与员工个体的身心状态有很大关系。对于某个员工来说，可能因为一些原因，难以体会工作的快乐，但这不代表团队就不需要从宏观和微观层面为全体员工创造快乐工作的氛围。

4.3 情境激励：视情况给员工相应激励

根据保罗·赫塞（Paul Hersey）和肯尼思·布兰查德（Kenneth Blanchard）提出的情景领导理论（SLT，situational leadership theory），按照员工由低到高的成熟度不同，管理者对员工的领导方式可以分成 4 种，分别是指示、引导、参与和授权。其中，对员工有激励性的领导方式是引导、参与和授权。

4.3.1 引导激励：不断达成更高绩效

问题场景

1
有的员工能力相对比较差，但有做事的主观意愿，可是在行动上总出问题，这种情况我以后是不是要多“命令”员工呢？

2
对这类员工采取命令的方式也许不太合适，毕竟这类员工原本具备主观意愿，只是思想上没有想通，认知没跟上。

3
那我平时应该怎么管理、如何激励这类员工呢？

4
对待这类员工可以采用引导的方式。引导本身也是一种比较有效的激励方式。

5
什么叫引导？

6
引导就是用非强制的方式，通过转换注意力，让员工的思维方式发生某种转变，进而得到管理者想要的结论，形成管理者想要的行动。

问题拆解

没有人喜欢被命令的感觉。用强制命令的方式让员工做事对于主观意愿较差、能力也相对较差的员工也许合适，但对有一定积极性和自主意识的员工来说，是效果比较差的领导策略，也是很可能起到负效果的激励策略。

方法工具

工具介绍

ORID 引导法

对于有行动意愿，但暂时能力较差的员工，管理者可以采取引导的方式。ORID 引导法就是管理者引导员工的有效工具。

ORID 指事实（O，objective）、感受（R，reflective）、解释（I，interpretive）、决策（D，decision），管理者可以通过对员工采取 ORID 引导法，引导员工做出行为。

ORID 引导法示意图

事实是客观的，是不以人的意志为转移的。事实不是某人的观点，不是某人的感受，也不是某人对事物的价值判断。事实是事物原本的属性。比如“今天天气很热”，这是观点；“今天气温有30摄氏度”，这是事实。

感受是人们对某事物的想法、感觉和情绪反应。对于某事物，人们头脑中第一时间形成的就是感受。比如，某团队管理者发现某员工上班时间在看手机，第一时间想到的是员工在偷懒，这就是感受。

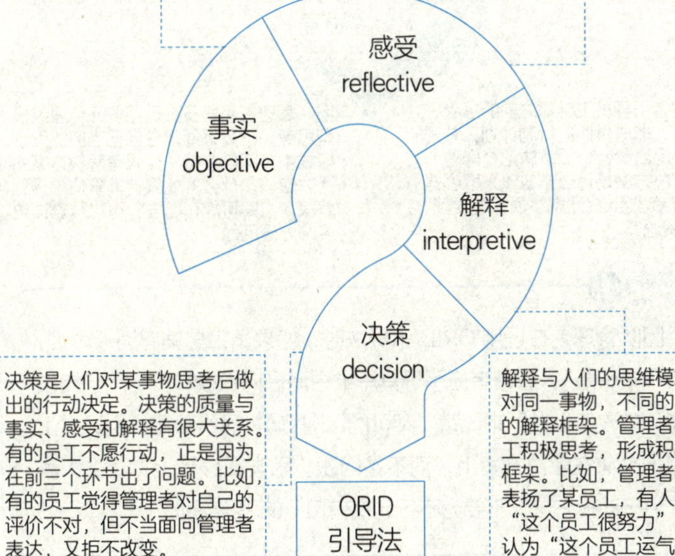
感受
reflective
事实
objective
解释
interpretive
决策
decision
ORID
引导法

决策是人们对某事物思考后做出的行动决定。决策的质量与事实、感受和解释有很大关系。有的员工不愿行动，正是因为在前三个环节出了问题。比如，有的员工觉得管理者对自己的评价不对，但不当面向管理者表达，又拒不改变。

解释与人们的思维模式有关，对同一事物，不同的人有不同的解释框架。管理者要引导员工积极思考，形成积极的解释框架。比如，管理者在晨会上表扬了某员工，有人的解释是“这个员工很努力”，有人则认为“这个员工运气好”。

应用解析

ORID 引导法的 4 个步骤

团队管理者首先要带领员工通过观察，发掘客观事实，对某件事不要陷入主观的价值观判断。问题参考：当前的客观情况是什么？当前发生了什么？看到了什么？听到了什么？

团队管理者询问员工通过这些事实，产生了什么样的感受。问题参考：你对这件事有什么样的情绪？这件事让你联想到了什么？这件事让你高兴/好奇/恐惧/生气？

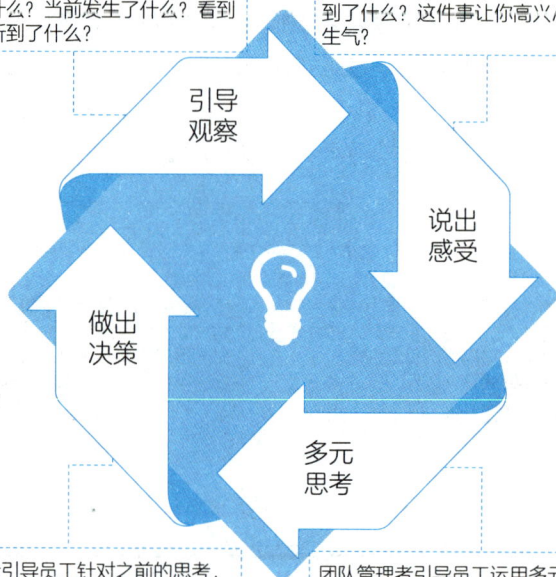

引导观察

说出感受

多元思考

做出决策

团队管理者引导员工针对之前的思考，做出决策，形成具体的行动计划，并开展行动。问题参考：要解决这个问题，最佳的解决方案是什么？应该采取哪些行动？有哪些困难/注意事项？需要哪些支持/资源？

团队管理者引导员工运用多元化思维模型思考，不要只局限在自己当前的思维模式中。问题参考：如果有解决方案的话，应该是什么？如果这件事情想得到解决，方案可能有哪些？可以从哪些角度来处理问题？

小贴士

团队管理者在运用 ORID 引导法时，如果员工总偏向消极思维，认为“不可能”，管理者应引导其思维由消极向积极转变，用“如果可能，应该怎么做”来代替“不可能”，打通其思维障碍，引导员工把思维聚焦在解决方案上，而不是问题、困难或感受上。让员工养成“为行动找方法，不要为不行动找借口”的思维习惯。

4.3.2 参与激励：提升员工行动意愿

问题场景

1 对于行动意愿比较差但能力比较强的员工，在激励手段上是不是也可以采取引导的方式呢？

2 引导主要的作用是帮助员工的行动找方法，如果缺乏行动意愿，用引导的方法效果并不显著。

…

3 那要怎么办呢？如果员工缺乏行动意愿，是不是就没有办法改变？

4 并不是，员工缺乏行动意愿，很大原因是员工没有参与感，员工觉得工作好坏是给别人做贡献，和自己没关系。

5 那要怎么做，才能让员工觉得工作和他有关系呢？

6 可以让员工充分参与，让员工产生强烈的参与感，想办法让员工觉得工作和自己关系很大，从而帮员工提高行动意愿。

问题拆解

当员工有能力但缺乏主观行动意愿时，很多传统的激励方式都将失去效果。问题的根源在于员工认为行动结果与自己没有关系，所以就缺乏意愿。要改变这种情况，可以通过让员工充分参与，提升员工的参与感，从而让员工产生责任感和积极性。

方法工具

工具介绍

员工参与

员工参与指的是让员工参与到其关联工作的计划、组织和决策中来。多让员工参与有助于员工了解工作的全貌，看清工作的价值和意义。

团队管理者要想让员工觉得工作和自己有关系，不一定需要通过物质激励才能实现。当员工深度参与到某项工作中，发现自己的决策能够影响工作的成败，工作结果能够证明自己能力，能够让自己得到来自他人的好评，甚至能够给自己带来某种荣誉的时候，员工将产生较强的使命感和责任感，有助于员工积极主动地投入工作。

团队管理者鼓励员工参与的 4 个细节

改变观念：团队管理者要改变自己的观念，摒弃陈旧的管理方式，不能大包大揽式地一个人做决定。员工是有思想、有情绪的，管理者不能不顾及员工的想法，不考虑员工的感受。

营造氛围：团队管理者要营造团队中一视同仁、共同发展的氛围，让员工感受到来自团队的温暖，感受到团队的凝聚力。团队组织的各类活动也可以邀请员工家属参与。

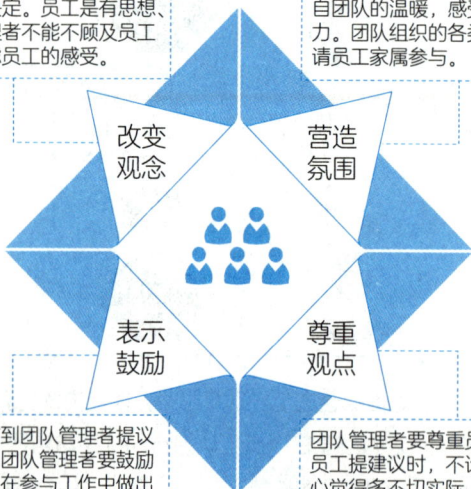

表示鼓励：当员工愿意参与到团队管理者提议的工作中来时，团队管理者要鼓励员工，不论员工在参与工作中做出多大贡献，都要肯定员工的参与精神，尤其要鼓励员工积极主动的态度。

尊重观点：团队管理者要尊重员工的观点，当员工提建议时，不论团队管理者内心觉得多不切实际，也不要一开始就否定员工，更不要对员工的建议做过多负面评价，伤害员工的积极性。

应用解析

团队管理者鼓励员工参与的 5 个技巧

信息互通：有的团队管理者错误地认为员工不必知道太多，只要执行就好了。实际上，除非是敏感或保密信息，让员工了解更多信息不仅有助于员工参与，也有助于员工更好完成工作。

鼓励表达：团队管理者要鼓励员工说出自己的想法，不论员工说出的想法是否有价值，都要首先肯定员工提出想法的行为；对产生价值的想法，给予公开的表扬或奖励。

思想教育：员工的思想层次决定了其认知水平，也决定了员工的参与程度。团队管理者除鼓励员工外，对员工的思想教育工作同样非常关键，要培养员工爱岗敬业的精神和团结协作的态度。

共赢文化：团队文化影响着团队氛围和员工行为，共赢的团队文化能让员工感受到参与后与团队一起成长的感觉，体会到价值感和意义感。良好的团队文化会提高员工参与的主动性。

参与决策：团队管理者在做工作决策时，应尽可能让员工参与。尤其当这项工作与员工负责的工作关系较大时。让员工参与决策不仅能激励员工，而且能通过引入更多意见减少决策失误。

小贴士

员工的心情直接影响着绩效，心情愉悦的员工更积极，不会把工作当“差事”，不会过多关注困难，工作效率和工作质量都更高。让员工参与，也是改善员工心情的有效方法。另外，员工参与有助于激发员工的潜能，让员工产出更大的价值。

4.3.3 授权激励：促使员工做得更好

问题场景

1
对行动意愿比较强，能力也比较强的员工，采取参与的领导方式是否有效呢？

2
效果相对来说会差一些，因为这类员工想要的不仅是参与，更是负责一项工作、顺利完成工作后的成就感。

3
对待这类员工，有什么好的激励方法呢？

4
用授权的方式做员工激励相对比较有效。

5
授权就是把工作全部交给员工，管理者不管不问了？

6
当然不是，授权不是让管理者当“甩手掌柜”。不是什么人都可以被授权，也不是什么事都可以授权。

问题拆解

行动意愿和能力都比较强的员工更期望有机会展示自己，这类人具备一定的安全感，更加追求存在感和满足感。团队管理者对员工的工作授权，代表着对员工的信任，对员工有比较强的激励性。但工作授权不能随意实施，要想让工作授权有效，需要有一定的管控机制。

方法工具

工具介绍

工作授权

授权，就是团队管理者将自己的部分职权授予员工行使，让员工在一定职责范围内，全权进行工作，同时团队管理者对员工在该职权范围内的工作结果承担责任。授权是一整套管理行为组成的过程，而不是一种简单的行为结果。

有效的工作授权，分成授权前的准备、授权中的控制和授权后的评估。

有效授权的 3 个阶段

没有准备的授权很可能不但起不到授权原本的预期，而且会起到反效果，令被授权的工作和被授权的员工双双受损失。什么样的工作能够被授权，什么样的人适合被授权，需要在授权前认真评估。

授权前
1
2
授权中
授权后
3

将工作授权之后，不代表团队管理者可以做“甩手掌柜”，但也不能看得太紧。授权的目的是为了提高工作效率，培养员工能力，要实现有效授权，需要在授权过程中进行有效监控。

工作授权有质量之分，通过授权后的评估，不仅能够了解授权行为的质量，而且能够掌握授权后工作的实施质量，既有助于团队管理者做工作改进，又可以及时发现工作中的问题，提高工作质量。

应用解析

管理者如何有效实施授权

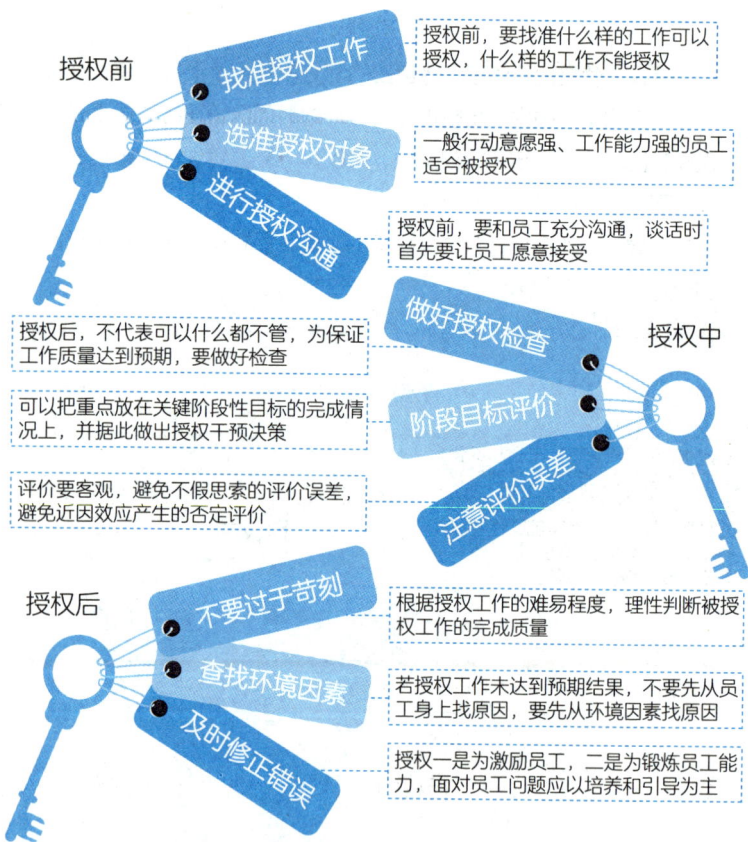

授权前
找准授权工作
选准授权对象
进行授权沟通

授权前，要找准什么样的工作可以授权，什么样的工作不能授权

一般行动意愿强、工作能力强的员工适合被授权

授权前，要和员工充分沟通，谈话时首先要让员工愿意接受

授权中

做好授权检查：授权后，不代表可以什么都不管，为保证工作质量达到预期，要做好检查

阶段目标评价：可以把重点放在关键阶段性目标的完成情况上，并据此做出授权干预决策

注意评价误差：评价要客观，避免不假思索的评价误差，避免近因效应产生的否定评价

授权后

不要过于苛刻：根据授权工作的难易程度，理性判断被授权工作的完成质量

查找环境因素：若授权工作未达到预期结果，不要先从员工身上找原因，要先从环境因素找原因

及时修正错误：授权一是为激励员工，二是为锻炼员工能力，面对员工问题应以培养和引导为主

小贴士

除不掌握授权的方法外，影响团队管理者不愿授权的原因主要在于团队管理者的心理因素。团队管理者很容易天然觉得“这项工作我才能做好，给员工做很可能出问题。”因此，授权的第一步，是团队管理者首先要做好心理建设，跳出自己的权力舒适圈，以客观、开放的心态看待工作授权，以循序渐进、逐步尝试的方式开始工作授权。

05

正负激励："胡萝卜 + 大棒"的正确用法

本章背景

1
有人说“胡萝卜+大棒”的激励方式已经过时了，我现在都不知道该不该对员工实施奖罚了。

2
人性不变，激励方式的大思路就不会变。正激励和负激励的组合运用依然是有效的激励手段。

3
有人说现代人对外界的刺激越来越麻木，所以传统的“胡萝卜+大棒”无效了。

4
相似的东西员工见多了，确实会麻木。但很多情况下正负激励没效果，只是管理者不会运用。

5
要怎么做好正激励和负激励呢？

6
团队管理者首先要对正负激励有正确的认识，然后制定规则，确保规则体系是完整的。

背景介绍

“胡萝卜 + 大棒”指的是“正激励 + 负激励”，是比较传统的员工激励方式。实施正负激励的前提是正确的认识和规则系统。团队管理者在日常工作中对员工实施的正反馈和负反馈同样是一种正负激励，能够起到激励效果。

5.1 规则系统：构建团队的规矩

没有规矩，不成方圆。团队管理者有效实施正负激励的前提是建立健全自身的规则系统，并在规则制定的过程中强调员工参与。在规则系统中，要包含对正激励和负激励的规定。团队管理者应当以规则系统为依据，实施正负激励。

5.1.1 规则编制：满足团队的需要

问题场景

1
你说的“规则系统”，听起来像是“游戏规则”，指的就是规章制度吧？

2
可以这么理解，规则系统就是让团队所有人在统一的规则下做事，规章制度是规则系统的一种表现形式。

3
要建立健全规章制度很容易，缺哪方面规章制度，到互联网上搜索一下关键词，复制粘贴，修改一下，不就全了吗？

4
没那么简单，每个团队有自己的实际情况，如果简单复制别人的，得到的制度大概率是不适用的，那种制度，有还不如没有。

5
怪不得我感觉团队现在的规章制度没什么作用，原来问题在这里，是我一开始没有重视。

6
规则系统的关键不是“有没有”，而是规则“有没有用”。

问题拆解

很多团队在编制和完善规章制度时，习惯“拿来主义”，以为规章制度都是通用的，结果发现根本不符合本团队需要。要系统编制规则系统，让规则系统真正发挥作用，应根据团队实际情况，采取科学的方法编制。编制系统化制度的时候，不应追求“多”，而应追求“有效”。100 个没用的制度比不上一个有用的制度。

方法工具

工具介绍

规则系统

规则是团队所有规章制度的统称。规章制度是团队对员工应该做的行为和不应该做的行为的基本规定，是团队管理者实施正负激励的基本依据。规章制度可以涵盖团队中的所有行为。系统的规章制度旨在维护团队的秩序。

系统的规章制度，能够起到引导、教育、警戒和威慑员工的作用，达到规范员工行为、降低风险、培养团队文化的目的，同时能够保障员工履行劳动义务，促进员工自律，预防和减少劳动争议。

常用规章制度的三大分类

这类规章制度适用于所有员工，对所有员工的规范程度相同，是所有员工都必须遵守的基本行为准则，包括员工行为规则、劳动纪律、奖惩条例、商业准则、办公用品管理制度、物品领用管理制度、保密制度、竞业限制制度、出勤管理制度等。

行为
规范类
工作
流程类
工作
内容类

这类规章制度同样适用于所有员工，但并不强调具体行为，更偏重"标准""流程"和"秩序"，包括入职管理制度、转正管理制度、离职管理制度、岗位调整管理制度、岗位晋升/降职管理制度、薪酬管理制度、绩效管理制度、请假管理制度、述职管理制度等。

这类规章制度适用于部分员工，属于从事特定岗位员工需要遵守的行为规范，包括生产作业管理制度、生产设备管理制度、产品质量管理制度、技术研发管理制度、市场营销管理制度、采购管理制度、物流控制管理制度、信息系统管理制度、财务会计管理制度、安全检查管理制度等。

应用解析

编制制度的四大注意事项

系统编制规章制度前，要注意以问题为导向。如果团队当前没有任何制度，那么最先制定的规章制度，应是能够优先解决当前问题的制度，而不是从互联网上搜出来，或者“拍脑袋”“想当然”的制度。

制度不仅要有相应的应用对象，还要有制度编制的责任人。在系统进行制度编制前，要明确制度编制的责任人和完成时间，以确保制度运行和定期更新。没有责任人的制度很难真正落地。

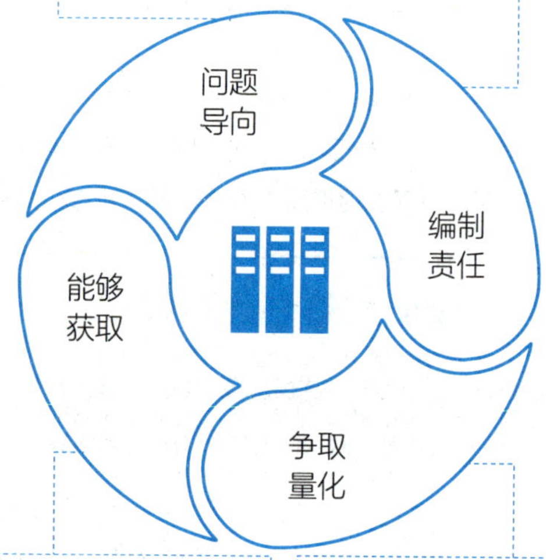
问题
导向
编制
责任
争取
量化
能够
获取

要想让制度中规定的事项能得到真正执行，在制定制度前，就要明确该怎么“获取”到员工行为发生的证据，即如何获取到数据或事实。如果不把“获取”方式规定清楚，制度将很难落实。

为了界定行为的性质和程度，制度应尽量做到量化。就算不能量化，也应当以事实为依据。对有可能产生争议的事项，设定出具体的实施标准，做出具体的界定方法。类似“数额巨大”“金额较高”“比较严重”之类的含糊词语通常是无效的。

小贴士

有效的制度通常是系统化的制度，但系统化的制度不一定是有效的制度。团队的内外部环境总是在不断发展变化，系统编制规章制度时要注意与时俱进。华为的《华为基本法》，就是一个比较系统的制度。但《华为基本法》并没有全面到可以涵盖华为所有领域，而且随着华为的发展，《华为基本法》也一直在不断更新和完善。

5.1.2 通过程序：合法、民主的实施

问题场景

1 当我们把团队的规章制度都编全了以后，规则系统就形成了吧？

2 还没有结束，规则系统还要有一个合法、民主的通过程序。

3 就是走个审批流程是吧？这也没什么难的，就是个签批程序而已。

4 通过程序不是指团队内部的程序。通过程序的关键，是全体员工的参与，让员工提出宝贵意见。

5 也就是要体现规则形成过程中的民主决策是吧？这样的话，员工就不能说规则完全是管理层制定的。

6 是的，员工参与本身也是一种激励，而且还可以为规则提出具备可行性和可操作性的意见或建议。

问题拆解

很多团队管理者觉得团队的规章制度在管理者研讨确定后就可以直接执行，实际上，法律本身对规章制度的通过有明确的程序。更关键的是在制定规章制度的过程中，如果员工能够参与，能让制度贴近实际情况，不至于转向多次修改或最终无效的局面。

方法工具

工具介绍

通过规章制度的民主程序

在制定团队规章制度的过程中，应当保证员工充分参与，让员工提出意见。

员工参与能够提高员工的存在感，激发员工的主人翁意识，让员工能够更尊重规则，并能够更好地执行规则。

员工参与不仅是提高员工存在感的需要，也是法律的需要。在规章制度和重大事项决定的实施过程中，如果工会或员工认为不适当，可以向团队提出，通过协商予以修改完善。

规章制度通过民主程序 4 步骤

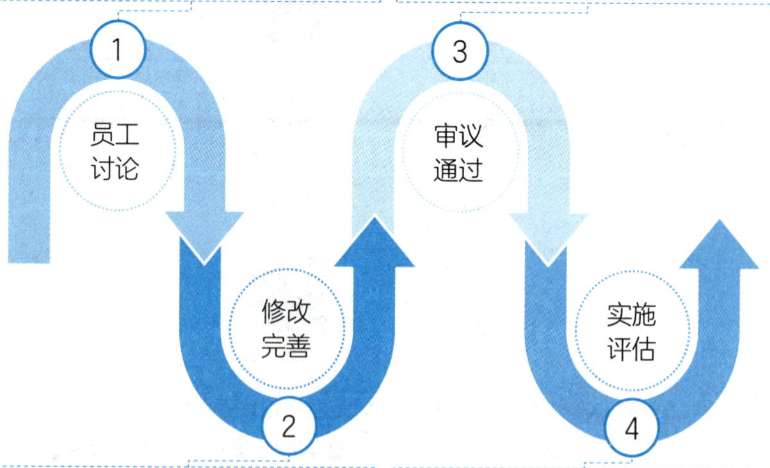
团队管理者将初拟的规章制度进行全员讨论。进行这一步时，团队管理者可以把编制规章制度的想法放在内网，或员工比较容易获取到信息的地方，鼓励员工提意见。
对于没有修改意见的规章制度，最终可以由全体员工审议确定并通过。通过的过程应当召开正式的会议，并留下会议召开以及会议内容的相关签字或影音证据。
1
员工讨论
3
审议通过
修改完善
实施评估
2
4
团队管理者结合员工反馈意见，经过平等、充分讨论协商后，做出相应修改。过程中若出现团队管理者和员工意见不一致，应提供补充资料，员工也应提供相应资料。
在规章制度实施过程中，如果员工认为某项规章制度中某个条款不合理，可以指出，团队管理者需要再做谈判和协商。尤其是对于实施过程中发现问题的规章制度。

应用解析

通过规章制度的民主程序的 4 点注意事项

保留相关证据

团队管理者在实施民主程序时，需要保留好决定性的证据，包括在每个阶段留存相关的文本记录、签字记录、照片记录、录音记录等，做到有据可查，避免因程序不合法承担不必要的风险。

内容合法合规

规章制度有效的前提是合法合规，规章制度不能大于法律法规。如果规章制度存在违法或违规内容，不论规章制度的通过程序是否合法、是否民主，都将视为无效，不能作为团队有效的规则系统。

权利义务对等

规章制度必须遵循权利和义务对等的原则，不能只规定员工的责任和义务，不规定员工能够享受的权利。在做出带有惩罚或奖励性质的相关规定时，不能只规定惩罚的条款，而忽略奖励的条款。

注意合情合理

合法合规是基本要求，除此之外，规章制度还要"合理"，即规章制度的条款要在保证公平、公正、恰当的同时，体现出对员工的关爱和温情。

小贴士

制定规章制度的民主程序能给员工创造民主的体验，给员工当家作主的感觉。团队管理者可以通过定期建立、修改规章制度，刻意强化员工的这种体验。员工觉得团队越民主，存在感和满足感就越强，越容易受到激励。

5.1.3 有效公示：保障员工知情权

问题场景

1
有了规则系统，有了民主、合法的通过程序，就可以按照规则来约束员工行为，实施正负激励了吧？

2
这里还差一步。这一步如果不做，员工就会有“借口”。我们得让员工找不出任何“借口”。

3
什么“借口”？

4
这个“借口”就是“我不知道”。如果你不做好这一步，员工永远可以以自己“不知道”为借口。

5
确实是，如果员工硬要说自己不知道，我好像还真没什么办法。

6
所以还差的这一步，就是要把规章制度告诉员工，也就是公示规则。

问题拆解

很多团队的规则在合法、合规、合理通过后，却没有想办法让员工知道。结果当参照规则对员工实施负激励时，员工一句自己“不知道”，就会让团队管理者陷于被动局面。当因此而发生劳动争议时，如果团队管理者没有办法证明自己对规则进行了公示，劳动仲裁机构和人民法院也会站在员工的这边。

方法工具

工具介绍

规则公示

规则公示是通过某种方式，把团队的规则告知全体员工的过程。规则公示的方式不拘一格，可以通过张贴在宣传栏、网站公告、群发邮件、手机端推送、专题培训、集体开会宣读等方式公示，也可以通过别的更适合团队的方式。规则公示有助于员工了解、学习、执行团队的规则。

从法律角度来说，团队管理者按照规则对员工实施正负激励后（尤其是负激励），如果发生劳动争议，员工可能主张自己并不知道有相关规章制度。这时候就需要提供规章制度公示的证据，如果拿不出证据，团队管理者就容易陷入不利局面。

规则公示的 4 种常见方法

入职申明法

新员工入职时，让新员工阅知规章制度，保留新员工阅知规章制度签字的凭证；新员工入职培训时，保留新员工通过规章制度考试的试卷资料；也可以直接把规章制度作为劳动合同附件，和员工签订劳动合同时一起约定签字。

1

张贴公示法

可以把规章制度在宣传栏张贴，或做成黑板报；规章制度的张贴公示不仅可以在物理办公环境下进行，还可以借助互联网。比如在官方网站、内网系统上公示，或通过内网系统或电子邮件主动推动、群发的形式，设置员工打开后生成自动回执。

2

集中学习法

可以适时组织员工集中学习规章制度，尤其当规章制度发生变化时，可以集中组织培训，并留下培训的影音资料、照片资料、签字资料，培训后的考试资料等。

3

传阅签字法

可以把规章制度打印出来，让员工传阅学习，已阅者要签字登记并确认；或直接把规章制度汇编进员工手册，保证人手一本，在员工手册中设置回执页，员工收到员工手册后，在回执上签字确认，公司统一回收保存。

4

应用解析

避免规则走形式的 4 个关键

团队管理层要充分支持和参与规则系统的出台和运行。如果最高管理层当“甩手掌柜”，不承担自己在规则系统中该承担的责任，这样的规则最终难以落实。

制定规则时，一定要明确规则的实施负责人。当规则运行出现问题时，假如没有责任人，这样的规则同样难以落实。在构建规则体系的一开始，就要明确每条规则由谁负责落实。

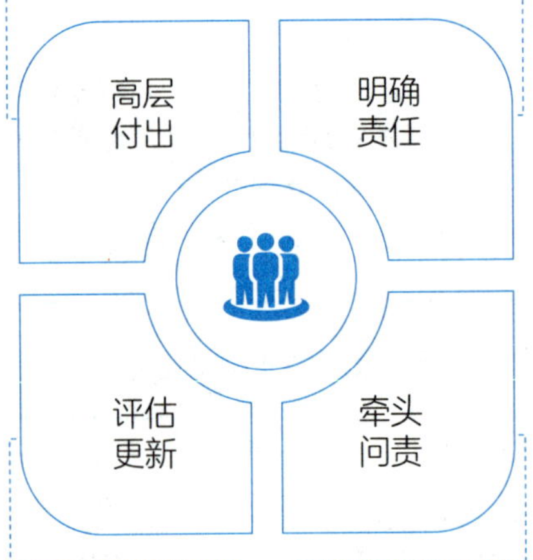
高层
付出
明确
责任
评估
更新
牵头
问责

制定规则时，要想好规则的评估和更新流程，保证规则可以持续做到合理可行。很多规则因为本身不带评估和更新机制，当时合理、适用的规则，过段时间因为环境发生了变化，也许就不适用了。

规则在实施过程出了问题，谁来牵头问责？这同样关键，因为很多人有“多一事不如少一事”的想法，不愿当“出头鸟”。不同的规则，应该设置相应的牵头问责人。

小贴士

规则要生根发芽起作用，需要“水”“空气”“土壤”和一段时间的“孕育”。很多规则最后变成了写在纸上、留在嘴上、挂在墙上的一纸空文，就是因为在制定规则的环节，没有考虑规则的“生存环境”，在有的团队可以“鲜活”的规则，到了别的团队，很可能变成一个“标本”，只能看，不能用。

5.2 正面反馈：即时高效地踩油门

对员工的正面反馈是一种成本相对较低，但效果却较好的激励方式。正面反馈不仅能够强化员工的存在感，而且能给员工较大的满足感，这种双重满足，能够激励员工采取行动。

5.2.1 即时奖励：正面激励不能延期

问题场景

1
团队有员工偶尔做出了好成绩，我还期待这样的员工能再做出更好的成绩，但结果多是昙花一现，再也没有后续了。

2
可能是你没有鼓励这类员工持续做出好成绩的有效激励手段。

3
那要怎么激励员工继续做出好成绩呢？

4
这里的关键是要即时奖励，就是在员工做出好的行为或结果的时候，团队管理者马上对其予以奖励。

5
奖金发得太频繁了会不会产生反效果？

6
即时奖励中的奖励不仅是奖金，只要是正面反馈都可以算奖励。

问题拆解

很多团队管理者对激励的时效性不以为然，觉得只要员工做出贡献后能够得到奖励，就算是完成了激励。实际上，如果激励延期，员工的感受会大大下降，甚至可能已经忘了自己为何获得激励。激励要及时，才能发挥好的激励效果。

方法工具

工具介绍

即时奖励

即时奖励指的是当员工做出一定成绩，或达到团队的奖励条件时，团队管理者要即时对员工实施奖励，不要延期，更不能不奖励。

即时奖励能够在短时间内给员工较强的思想冲击，产生较强的激励感。即时奖励不仅对员工本人有效果，对知道即时奖励过程的员工来说，也有较强的激励性。即时奖励特别适合应用在业绩导向的团队中。

即时奖励中的奖励指的不仅是物质激励，还包括精神激励。只要是正面反馈、正向激励，都可以算一种奖励。很多时候，团队管理者恰到好处的一句鼓励，也能让员工受到很大激励。

即时奖励的 3 种常见应用场景

员工拿下大客户订单后，管理者立即带领整个团队鼓掌庆祝

我拿到了凯迪公司的订单！

员工业绩有较大突破时，管理者立即召开临时会议当众发放奖金

大家的业绩非常棒，这是奖励大家的！

员工完成重要项目时，立即在晨会上予以公开表扬

你带领团队完成完成这项任务，奖励你“优秀员工”称号。

优秀员工

应用解析

影响管理者做出即时奖励三大因素

有的团队管理者没真正理解即时奖励的好处，认为给员工的奖励早点晚点都不要紧；有的团队管理者对待员工不那么上心。如果团队管理者不重视，则再好的激励措施都很难起到激励效果，很难让激励真正影响员工的行为。

有的团队管理者知道即时奖励重要，但不会有效运用。例如，有的团队管理者在对员工即时奖励时不公开，私下奖励员工；有的团队管理者对“即时”这个概念有误解，觉得“即时”就是“近期”，而不是“立即”“马上”。

不想用
不会用
不能用

有的团队管理者重视即时奖励，也知道如何运用即时奖励，却没有即时奖励员工的权限。比如有的团队给员工发奖金必须由总经理亲自签批，走完整个审批流程至少需要3天，这将错过即时奖励的最佳时期。

小贴士

即时奖励的激励性也在于通过团队管理者实施即时奖励，增加员工对团队规则系统的确定性。这种确定性，能让员工清晰地知道，当达到某种成绩或做出某种行为时，能够在规则系统之下获得即时奖励。

5.2.2 发现优势：不断扩大员工优点

问题场景

1 我听很多团队管理者反映本团队员工的素质和能力低，想换人。我还没批，主要是担心换员工后，不一定会更好。

2 如果团队管理者只盯着员工的缺点，也许不论换什么样的员工都会不满意。

3 你的意思是，问题很可能在于团队管理者，而不是员工？

4 是的，首先从团队管理者自身找原因，再从员工身上找原因。用人，要扬其长，避其短。

5 嗯，如果总盯着员工的缺点，天下无可用之人；如果能够用员工的优点，天下皆可用之人。

6 所以，团队管理者要学会发现员工的优势。把发现员工的优势当作一项重要的工作或技能，养成发现员工优势的习惯。

问题拆解

很多团队管理者总是盯着员工的缺点，想通过改变员工的缺点，来改变员工的行为。如果员工的缺点难以改变，就认为员工的素质或能力低下。当换人之后，又重复这样的循环。每个人都有优点和缺点，对于成年人来说，个性是难以改变的。与其总盯着员工的缺点，不如学着发现和发挥员工的优点。

方法工具

工具介绍

发现员工优势

每个员工都有优势，也有劣势。世界上不存在全是优势的员工，也不存在没有优势的员工。有优势，就意味着有发挥空间，有用武之地，有擅长领域。

团队管理者要发现员工的优势，根据员工的优势用人，扬长避短，不要总盯着员工的劣势。另外，团队管理者在发现员工的优势之后，除了合理运用员工的优势外，要马上赞美员工的优势，让员工继续保持和发扬自己的优势。

管理者如何发现员工的优势

张明

李红

王锐

① 拿出一张纸，写下员工的名字

② 在员工的名字后面写出他的5～10个优势

③ 根据这5～10个优势，写出他擅长的领域

研发部
销售部
财务部

④ 根据员工擅长的领域，写出适合员工的工作

应用解析

团队管理者赞美员工优势的 6 点注意

发现员工优势后，要及时赞美。如果事后赞美，管理者可能会忘记当时的情境，员工感受可能不强烈，而且事后的赞美因为脱离情境，可能不具有说服力。

不要放过任何一次赞美员工的机会。通过随时赞美员工，管理者可以锻炼自己发现员工优势、赞美员工优势的能力。

赞美最好在公开场合进行，通常人越多、在场的人职位越高时，被赞美的员工感受越强烈，赞美的效果越好，激励性越强。

及时
赞美
随时
赞美
赞美
期待
公开
赞美
赞美
细节
多次
赞美

把对员工的赞美用在员工原本不具备但管理者期待的品质上。员工为了让自己符合这项品质，可能做出类似行为。

对员工优势的赞美不仅要说出具体的行为，最好还要说出具体的细节。对于过于笼统的赞美，员工的感受较弱。细节能够给员工画面感，能够带来真实感。

不要吝惜对员工的赞美，每个人身上都有很多优势。员工不缺少优势，管理者要养成一双善于发现员工优势的眼睛。

小贴士

员工被团队管理者赞美时，会产生一种“被看见”的感觉，这种感觉会带给员工强烈的存在感，员工会感受到自己在团队中的价值和意义，从而产生较强的激励性。通过团队管理者对员工优势的赞美和运用，员工的优势将会越来越明显，越来越显著。

5.2.3 善用表扬：夸对位置才能有效

问题场景

1
团队中有些员工的行为习惯非常不好，我提醒过这些员工的管理者很多次，团队管理者也在部门里强调过多次，可丝毫不见有改善。

2
改变员工行为最好的办法不是批评、指正、纠偏，而是表扬。

3
什么？我没听错吧？表扬是改变员工行为最好的方法？

4
是的，对员工好的行为做正面评价，效果远远要好过对员工不好的行为做负面评价。

5
为什么会这样？这样真的有效吗？

6
对不好的行为做负面评价虽然可能不会让员工继续产生该行为，但也很难让员工产生好的行为。

问题拆解

员工做出好的行为，如果马上予以正面评价，员工获得满足感后，就会偏向于再次表现出该行为。员工做出不好的行为，如果受到负面批评，员工的存在感受挫，可能不会再表现出不好的行为，但也不会表现出好的行为。改变员工行为最好的办法，是通过正面评价引导员工做出团队期望的行为。

方法工具

工具介绍

表扬

表扬是团队管理者对员工的肯定。团队管理者表扬员工什么，员工就会持续表现出什么。如果团队管理者希望看到员工持续表现出某种行为，就可以针对该行为对员工实施表扬。团队管理者对员工实施表扬是有方法和技巧的，最好的表扬时机是在员工刚出现某种行为时。

常见 3 种值得表扬的状态

比如，员工在日常工作中表现出努力上进的状态，这种状态恰好是团队管理者所鼓励的，和团队的文化、价值观相匹配的，团队管理层想看到这种状态，就要及时予以表扬。

比如，员工参与的某项目以失败告终，但员工在这个项目中表现出了不屈不挠的精神，在项目很可能失败的情况下，还是咬牙坚持到了最后。

员工行动失败但表现出优秀品质时
1
2
3
员工表现出团队想要的状态时
员工做出有利于团队的行为时

比如，老员工主动帮助新员工提升个人能力，解决工作中的问题，让新员工快速进入工作状态，这类行为有助于团队减少人才培养的成本。

应用解析

管理者表扬员工的五大禁忌

掺杂
要求
压力
虚假
模糊

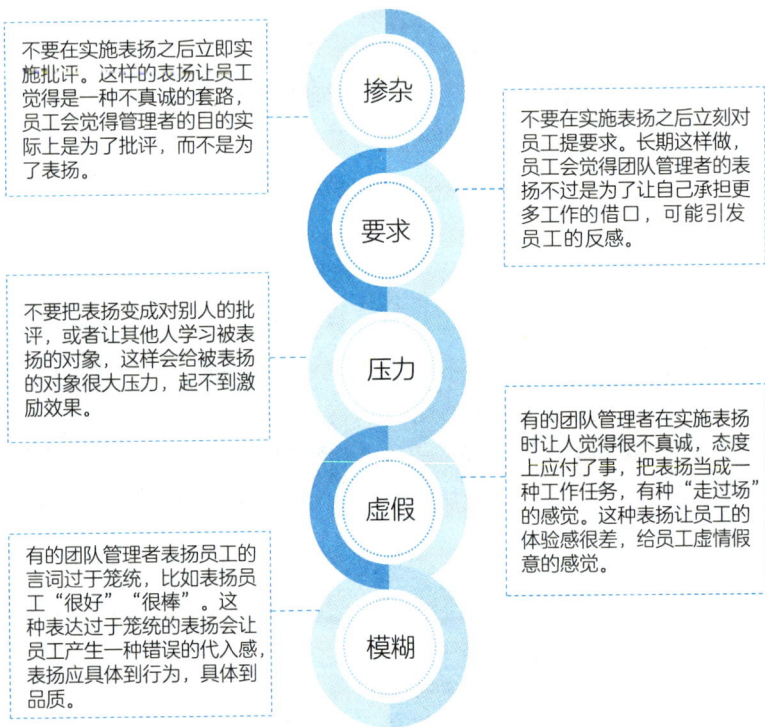

掺杂：不要在实施表扬之后立即实施批评。这样的表扬让员工觉得是一种不真诚的套路，员工会觉得管理者的目的实际上是为了批评，而不是为了表扬。

要求：不要在实施表扬之后立刻对员工提要求。长期这样做，员工会觉得团队管理者的表扬不过是为了让自己承担更多工作的借口，可能引发员工的反感。

压力：不要把表扬变成对别人的批评，或者让其他人学习被表扬的对象，这样会给被表扬的对象很大压力，起不到激励效果。

虚假：有的团队管理者在实施表扬时让人觉得很不真诚，态度上应付了事，把表扬当成一种工作任务，有种“走过场”的感觉。这种表扬让员工的体验感很差，给员工虚情假意的感觉。

模糊：有的团队管理者表扬员工的言词过于笼统，比如表扬员工“很好”“很棒”。这种表达过于笼统的表扬会让员工产生一种错误的代入感，表扬应具体到行为，具体到品质。

小贴士

同样是表扬，实施得当的团队管理者能让它千金难买，实施不当的团队管理者会让它一文不值。每个人都不是天生就懂得如何表扬别人，对他人有效的表扬方式不一定适合每一个管理者。要学会表扬、要让表扬成为有效的激励方式，团队管理者就要抓住每一次表扬员工的机会，发现自己在实施表扬中的问题，找到适合自己的表达方式。

5.3 负面反馈：必要时严肃地踩刹车

负面反馈有助于制止员工继续做出团队管理者不期望见到的行为。当员工做出团队管理者不想见到的行为时，团队管理者要及时对员工做出适度的负面反馈，制止员工的行为，并防止员工再次出现类似的行为。

5.3.1 挫折激励：失败是成功之母

问题场景

1
最近团队开展的几个项目都失败了，让团队的损失比较大，员工士气也比较低落。

2
失败也是一种资源，如果项目失败员工却无感的话，那是一种资源的浪费。不如运用这种资源来激励员工。

3
利用挫折能让员工从低落的情绪中重燃信心吗?

4
如果运用及时、得当的话，是可以的，而且还可以增强员工抵御挫折的能力。

5
那我需要让团队管理者学习这种方法，项目上的失败已经付出成本了，不如借此来让团队更强大。

6
其实不止项目挫折，员工平时工作和生活中总会遇到各种各样的挫折，这时候都可以运用挫折予以激励。

问题拆解

当员工遇到挫折时，可能出现心灰意冷的负面情绪，影响员工的工作热情和积极性。这时候，如果管理者置之不理，这种挫折可能会影响员工的正常工作状态；如果管理者能够及时对员工实施挫折激励，让员工正视挫折，这种挫折可能转化为员工行动的动力。

方法工具

工具介绍

挫折激励

挫折激励是指当员工因为工作或家庭原因遇到挫折，影响工作状态时，管理者对员工实施的宽容、关心、支持、引导、培养、鼓励等激励方式。

挫折激励能够化被动为主动，变不利为有利，化挫折为力量，让员工对工作重燃信心。挫折激励能够改变员工看待挫折的角度，让员工具备遇到挫折时迎难而上的精神，从而引导员工创造更大的价值。

用挫折激励员工的 4 种方法

给员工适当的工作压力：适度的工作压力，有助于员工达到最佳的激励条件。团队管理者要管控员工的工作压力，用适度的工作压力给员工带来适度的挫折感，有助于激励员工成长。

给员工证明自己的机会：当员工出现错误后，就算团队管理者不予责怪，员工也会产生挫败感。管理者在鼓励员工的同时，可以给员工创造将功补过、纠正错误的机会，员工通常会倍加珍惜。

让员工提升自己的能力：团队管理者的挫折激励有助于员工形成自我抵御挫折的能力，员工内心的力量会逐渐变得强大，心智模式会逐渐趋于成熟。当员工再次遇到挫折的时候，会更加理性地看待挫折。

对过分自信的员工应用：有的员工容易盲目自信，这很可能会在工作中"栽跟头"，如果在比较重要的工作上失败了，可能给团队带来严重损失。给员工创造犯小错的机会，可以将挫折变为员工的成长机会。

应用解析

帮员工走出挫折的 6 个维度

1 总结经验：总结经验有助于员工客观分析工作，养成好的习惯，防止下次再出现同样的问题。团队管理者可以与员工一起总结失败的经验，查找问题，帮助员工少走弯路。

2 评估能力：挫折有助于员工重新认识自己，通过挫折，团队管理者可以和员工一起评估其能力，帮助员工客观地认清自己的能力，进而梳理出自己未来的行为边界。

3 成功经验：团队管理者可以与员工一起盘点其成功经验，总结在成功经验中员工表现出的优秀品质，比较成功经验和失败经验，让员工发现问题所在，进而重新燃起对工作的信心。

4 岗位转换：有时挫折来源于员工在做不适合自己能力的工作，员工不擅长或者不喜欢当前的工作，所以总出现问题，从而产生挫折，这时候团队管理者可以考虑给员工调换岗位。

5 成长动力：有的挫折是因为员工刚开始接触工作，缺乏经验，需要一段时间适应，这个过程中必然会产生挫折，这时候团队管理者主要应做好对员工的开导工作，让员工不要畏惧挫折。

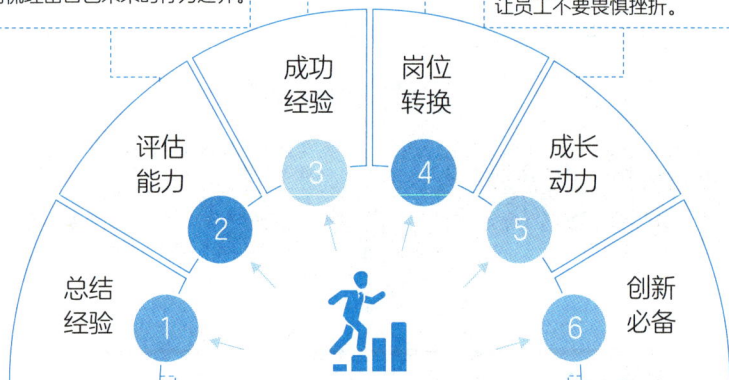

6 创新必备：创新通常不会一帆风顺，失败和挫折是创新的必经之路。团队管理者对待员工失败与挫折的态度决定了员工对待创新的态度。要鼓励员工创新，适度容忍员工的失败。

小贴士

当员工处于失败的挫折中还没走出来时，团队管理者最好不要马上给员工安排难度较大或时间紧迫的任务。这样员工可能由原来的挫败感转化为对工作的畏惧感，不但起不到激励效果，还可能打消其积极性。团队管理者如果确实需要安排工作任务，应先帮助员工从挫败感中走出来，在员工化挫折为动力之后，再做下一步的工作安排。

5.3.2 善用批评：不一定要针对人

问题场景

1 说了那么多正向激励的话题，我都觉得管理者不该批评员工了。

2 管理者当然可以实施批评，但是在实施批评的时候，选择批评对象很重要。

3 选择批评对象是什么意思？

?

4 就是团队管理者要批评的对象，是批评员工本人，批评员工的某种性格，还是批评员工的行为？

5 既然是批评员工，当然要批评员工本人了，而且可以顺便批评一下员工身上具备但团队管理者不想见到的特质。

6 如果这样批评，很可能会出问题。批评要做到"对事不对人"，不论什么时候，不要批评员工的性格，要就事论事。

问题拆解

管理者在批评员工时，经常会转为对员工个人品质的评价和批评。而对员工个人品质的总结通常是主观的，这种评价是人为地给员工贴上负面标签。没有人喜欢被别人贴负面标签，所以这样做很容易让员工产生反感和对抗情绪，打击员工的工作积极性。

方法工具

工具介绍

批评

批评指的是管理者对员工问题提出的纠正意见。

批评是一种用来制止或纠正员工行为的负面激励，对员工带有否定性质，应合理、谨慎应用。当员工做出某种团队管理者不希望看到的行为时，团队管理者可以通过实施批评，让员工不再继续该行为。但是批评在让员工产生团队管理者想要的行为方面，具有一定的局限性。

实施批评的 4 个要点

团队管理者对员工的批评反馈要及时，最好在发现问题的当下场景中及时反馈，不要拖延或等待。

团队管理者实施批评的时候最好在私下，不要在公开场合批评员工，给员工留足面子。

及时
批评
私下
批评
有序
批评
聚焦
批评

团队管理者应当先批评员工最严重、对团队影响最大的问题，再批评影响相对较小的问题。

团队管理者对员工的批评要聚焦到具体问题或具体行为，不要批评一些莫须有的概念或主观判断。

应用解析

实施批评的 5 点注意事项

工作上的失败是由很多因素造成的，可能员工主观上已经很努力，但结果却是失败。这时候如果直接批评员工失败，很可能让员工产生大量的负面情绪，打击员工的工作积极性。

每个员工都有其特质，比如有的员工比较内向，有的员工比较外向。员工的特质较难改变，且没有好坏之分，团队管理者应根据员工特质安排工作，而不是因此批评员工。

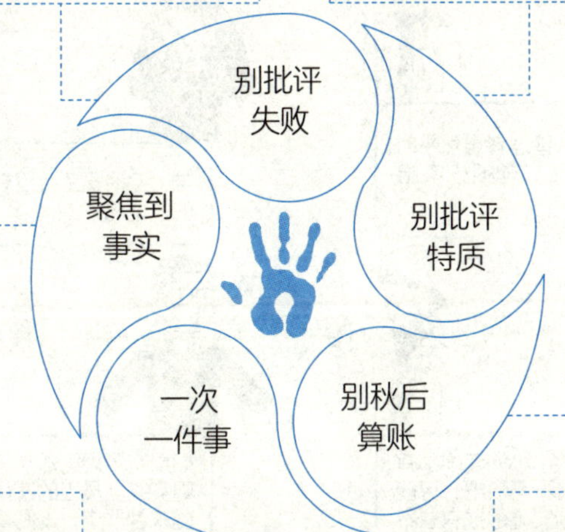
别批评
失败
别批评
特质
别秋后
算账
一次
一件事
聚焦到
事实

团队管理者要对客观事实提出批评，而不要根据主观判断实施批评；要对具体行为提出批评，而不要批评抽象概念。不要对员工评头论足，更不要批评员工的人格。

团队管理者实施批评时，最好一次只针对一个问题实施批评，不要一次批评多个问题，否则会让员工接受太多负面信息，以致员工难以聚焦，不知所措。

批评忌讳平时不管、秋后算账。秋后算账式的批评不仅员工很难接受，也会让团队管理者心中产生积怨，在实施批评时过分表达情绪，可能产生过度批评。

小贴士

如果把表扬和批评比作开车的话，表扬就像是方向盘和油门，批评就像是刹车。团队管理者带团队、管理员工，就像开车，应当在平时控制方向盘，多踩油门，让车持续行驶，而不是多踩刹车；当遇到危险、必须减速或停下时，才有必要踩刹车。

5.3.3 热炉法则：烫手才没人敢碰

问题场景

1
如果对员工多次实施批评之后却不管用，该怎么办呢？

2
这时候就得对员工实施必要的惩戒了。当然，惩戒的依据也应当是团队提前设定的规则系统。

3
我们很多团队管理者虽然平时都在批评员工，却很少实施惩戒。

4
难道平时员工就没有违反规则的情况吗？

5
当然有，大大小小的违规都有。我想是管理者不习惯吧，可能觉得按照规则实施惩戒有些不近人情。
6
如果有了规则却从来不按照规则实施，员工的违规现象将会越来越严重，规则最终将会形同虚设。

问题拆解

很多团队管理者觉得管理要人性化，所以当员工违反规则时，有时候会批评员工，有时候睁一只眼闭一只眼就过去了。这种做法让规则变成了一纸空文，导致员工不尊重规则，不敬畏规则，不按照规则办事。长期这样下去，必然会引起管理上的混乱，使得员工的行为得不到有效管控。

方法工具

工具介绍

热炉法则

对员工实施惩戒，要遵从热炉法则。热炉法则指的是团队的规则就像一个被烧热的炉子，只要轻轻碰到热炉就会被烫伤，同理，员工只要违反团队原则性的规则，就会被惩罚。热炉法则不仅能够起到惩戒作用，也能够起到警示作用，有效防止员工违反规则。

热炉法则的五大特征

警示性：热炉被烧红的外观会给人比较强的警示作用，只要看到，就知道不能碰，碰了就要被烫伤。团队规则也要让员工事先知道不能违反，并且要知道违反的后果。

真实性：热炉是真实存在的，不是虚幻的影子，不是吓唬人的道具，当摸到时，感受是真真切切的。团队的规则也是真实存在的，如果有员工违规，想以身试法，惩戒不能带半点虚假。

持续性：被热炉烫伤后，会留下一块伤疤，这块伤疤会隐隐作疼，持续一段时间之后才会痊愈。惩戒实施之后，不仅对被惩戒员工有效，对没有被惩戒的员工也会起到一定的震慑效果。

平等性：不论谁碰到热炉，都会被烫伤，不会因为某人职位高，伸手摸了热炉之后就不会被烫伤。团队规则也应当如此，每个人都应当遵守规则，规则面前人人平等。

即时性：无论是谁，只要一碰到热炉，就会被烫伤，这个过程是瞬时的。对于违反规则的行为也应当如此，只要发生，立即惩戒，不能有探讨的空间，这样才能保持规则的严肃性。

应用解析

惩戒员工的三大注意事项

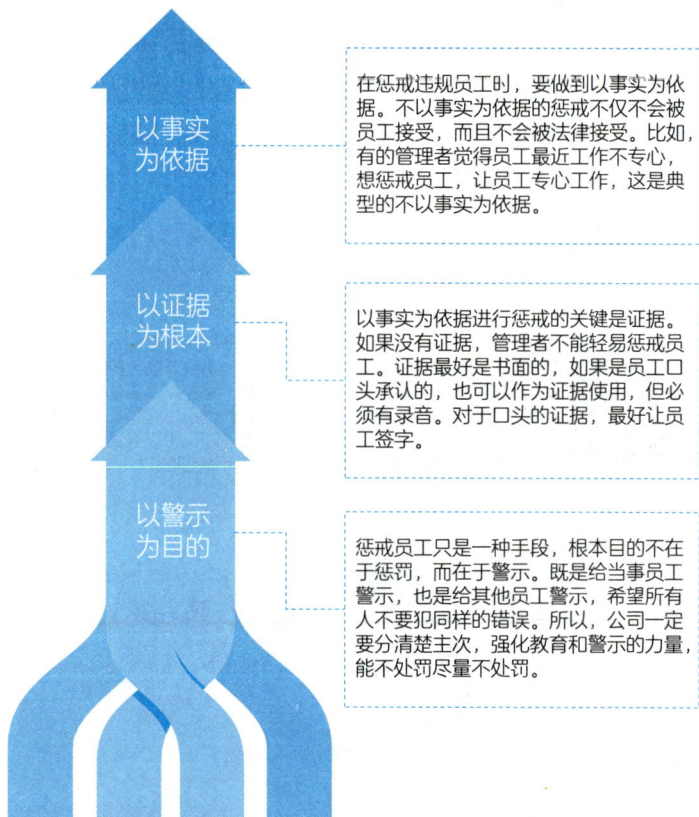

以事实为依据
以证据为根本
以警示为目的

以事实为依据：在惩戒违规员工时，要做到以事实为依据。不以事实为依据的惩戒不仅不会被员工接受，而且不会被法律接受。比如，有的管理者觉得员工最近工作不专心，想惩戒员工，让员工专心工作，这是典型的不以事实为依据。

以证据为根本：以事实为依据进行惩戒的关键是证据。如果没有证据，管理者不能轻易惩戒员工。证据最好是书面的，如果是员工口头承认的，也可以作为证据使用，但必须有录音。对于口头的证据，最好让员工签字。

以警示为目的：惩戒员工只是一种手段，根本目的不在于惩罚，而在于警示。既是给当事员工警示，也是给其他员工警示，希望所有人不要犯同样的错误。所以，公司一定要分清楚主次，强化教育和警示的力量，能不处罚尽量不处罚。

小贴士

需要注意的是，热炉法则适用于管理规则的执行，但并不适用于所有领域，例如在创新方面就不一定适用。如果在某个环节创新碰壁或失败，以后就避开这个环节，则可能错过创新的机会。在创新中越过热炉，可能发现不一样的世界。

06

目标激励：成就员工和团队

本章背景

1 我发现团队新来的员工往往干劲儿十足，但工作一段时间之后，就变得意志消沉，这是不是被一些消极的老员工给“同化”了？

2 你说有没有可能是老员工和新员工都缺乏目标，新员工刚入职时目标明确，工作时间久了反而找不到目标了？

3 你这么一说，好像确实有这种可能。我们团队大家的岗位职责倒是普遍履行得不错，也挑不出毛病，但好像缺乏目标感。

4 只是履行岗位职责不足以激励员工，有清晰明确的目标，对员工的激励效果更强。

5 也就是说，可以用目标来激励员工？

6 是的，有目标的人睡不着，没目标的人睡不醒。用好目标，能有效实施人才激励。

背景介绍

好的目标不仅是管理的需要，而且能够让员工的个人目标和团队的集体目标统一，让员工产生行动的动机，激发员工的积极性和主动性，一方面起到激励员工的效果，另一方面通过员工的行动，更好地达成集体目标。

6.1　目标意识：目标激励的基础

目标意识是目标激励的基础，目标意识强的员工，目标对其的激励效果更强；目标意识弱的员工，目标对其的激励效果较弱。当然，目标意识不仅指员工是否重视目标，还包括员工是否懂得运用目标解决问题，让绩效越来越好。

6.1.1 意识培养：让员工重视目标

问题场景

1 我发现公司除了我之外，从管理者到员工，似乎都不太在乎业绩的完成情况。

2 这也许是因为他们缺乏目标意识，对目标缺乏基本的尊重。

3 为什么会变成这样？

4 这可能源于你对目标不够重视，一级一级传到员工那里，就更不重视了。

5 不对啊，我觉得自己挺重视目标的啊？

6 觉得重视和表现在行为上的重视是不一样的。比如，当员工目标没完成时，你没有表现出该有的态度。

问题拆解

很多团队不是没有目标，而是员工普遍对目标不重视，觉得目标是团队管理者的事，和自己无关。要让目标发挥激励作用，首先要培养员工的目标意识，让员工对目标产生重视或敬畏。要让员工养成目标意识，管理者的行为至关重要。管理者嘴上说得再多，也不如在行为上体现对目标的重视更有用。

方法工具

工具介绍

目标意识

目标意识指的是员工对目标的认知和感受。

目标意识强的员工，在制定目标、分解目标、采取行动、修正目标、完成目标等方面的能力和积极性更强，更能保障目标的完成质量；目标意识弱的员工，对目标缺乏基本的尊重，不认为目标和自己有关系，不懂设定目标的价值和方法，工作盲目，方向性差，得过且过。

员工不具备目标意识和具备目标意识的行为对比

员工不具备目标意识的常见表现

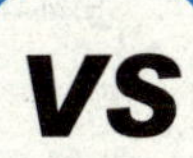

员工具备目标意识的常见表现

员工不具备目标意识的常见表现	员工具备目标意识的常见表现
1.行动之前不事先制定目标	1.行动之前一定要制定目标
2.采取行动时没有围绕目标	2.一定要围绕目标采取行动
3.记不住自己或团队的目标	3.时刻牢记自己或团队目标
4.完不成目标却没有愧疚感	4.如果没完成目标感到愧疚

应用解析

培养员工目标意识的 5 个关键

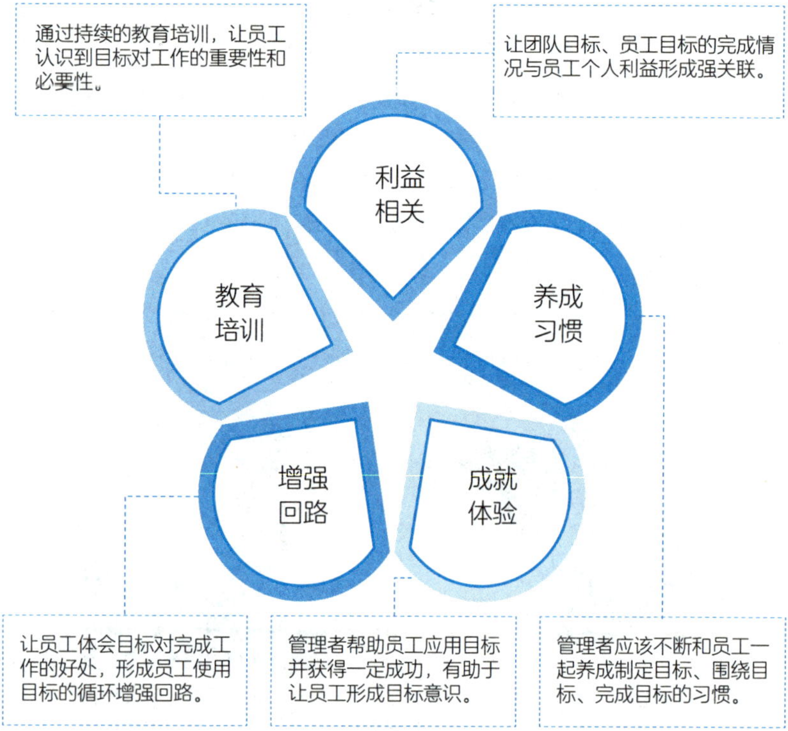

通过持续的教育培训，让员工认识到目标对工作的重要性和必要性。
让团队目标、员工目标的完成情况与员工个人利益形成强关联。
利益相关
教育培训
养成习惯
增强回路
成就体验
让员工体会目标对完成工作的好处，形成员工使用目标的循环增强回路。
管理者帮助员工应用目标并获得一定成功，有助于让员工形成目标意识。
管理者应该不断和员工一起养成制定目标、围绕目标、完成目标的习惯。

小贴士

增强回路是强化事物给人的感受，促进人们持续产生或避免产生某种行为，帮助人们养成行为习惯的逻辑循环。要培养员工的目标意识，形成使用目标能够带来成功体验的增强回路是一种非常有效的方法。目标意识的增强回路形成后，员工的目标意识将会很快养成。要形成这种增强回路，离不开团队管理者对员工运用目标产生不同结果后的支持和帮助。

6.1.2 目标设计：建立有效的目标

问题场景

1 我要鼓励大家养成目标意识，每天做一件实事，每周做一件好事，每月做一件新事，每年做一件大事。

2 你说的这个目标本身是无效的。

NO!

3 啊？为什么？

4 实、好、新、大都是形容词。什么是实事？什么是好事？什么是新事？什么是大事？有明确定义吗？

5 这个……确实没有……

6 既然没有明确的定义，就没有办法准确衡量。既然不能准确衡量，就不能判断目标究竟是否完成。

问题拆解

很多人对设置目标并不陌生，不过虽然知道要设置目标，却在运用时常出问题。常见的表现是设定无效的目标。如果在一开始设置目标的环节就错了，那后续针对目标的一系列工作都可能是徒劳的。

方法工具

工具介绍

SMART 原则

目标是为了承载和达成某个结果而设置的。目标不能随意设定，设定目标时，需要遵循 SMART 原则，分别是具体的（specific）、可以衡量的（measurable）、可以达到的（attainable）、具备相关性的（relevant）、有明确截止期限的（time-bound）。

SMART 原则

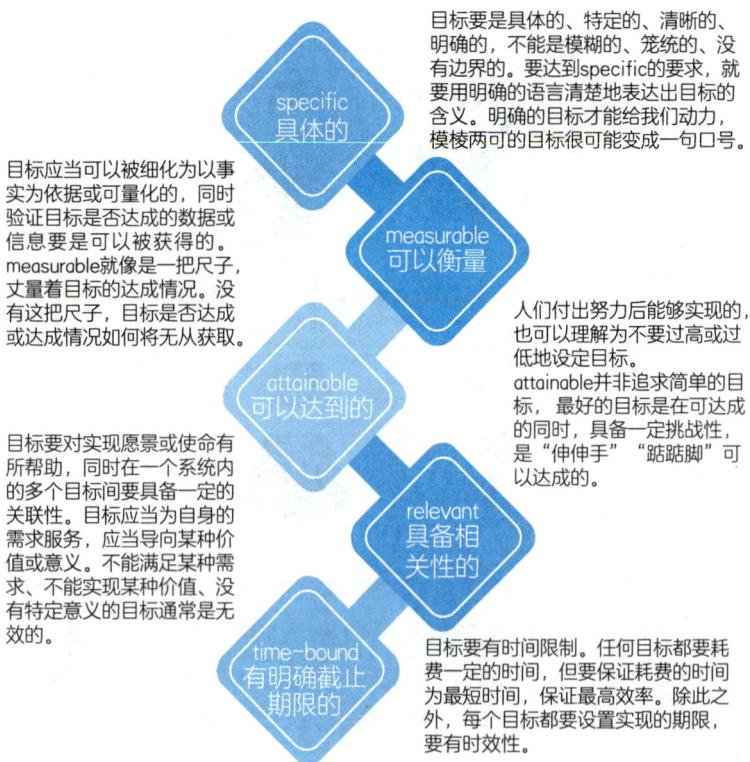

specific 具体的

目标要是具体的、特定的、清晰的、明确的，不能是模糊的、笼统的、没有边界的。要达到specific的要求，就要用明确的语言清楚地表达出目标的含义。明确的目标才能给我们动力，模棱两可的目标很可能变成一句口号。

measurable 可以衡量

目标应当可以被细化为以事实为依据或可量化的，同时验证目标是否达成的数据或信息要是可以被获得的。measurable就像是一把尺子，丈量着目标的达成情况。没有这把尺子，目标是否达成或达成情况如何将无从获取。

attainable 可以达到的

人们付出努力后能够实现的，也可以理解为不要过高或过低地设定目标。attainable并非追求简单的目标，最好的目标是在可达成的同时，具备一定挑战性，是“伸伸手”“踮踮脚”可以达成的。

relevant 具备相关性的

目标要对实现愿景或使命有所帮助，同时在一个系统内的多个目标间要具备一定的关联性。目标应当为自身的需求服务，应当导向某种价值或意义。不能满足某种需求、不能实现某种价值、没有特定意义的目标通常是无效的。

time-bound 有明确截止期限的

目标要有时间限制。任何目标都要耗费一定的时间，但要保证耗费的时间为最短时间，保证最高效率。除此之外，每个目标都要设置实现的期限，要有时效性。

应用解析

SMART 原则检验表

原则	序号	对应问题	判断
具体的（specific）	1	目标是否有确定的表达？	□是 □否
	2	目标是否导向清晰的行动？	□是 □否
	3	目标是否表达出了明确的边界？	□是 □否
可衡量的（measurable）	4	目标是否是客观的？	□是 □否
	5	目标是否以事实为依据？	□是 □否
	6	目标能否被有效获取？	□是 □否
可以达到的（attainable）	7	目标是否具有挑战性？	□是 □否
	8	目标是否现实，有可能达成？	□是 □否
	9	目标是否考虑了当下所有情况？	□是 □否
与其他目标具有一定的相关性（relevant）	10	目标是否有足够的价值或意义？	□是 □否
	11	达成目标需要的资源是否能够被获取或应用？	□是 □否
	12	目标相关的行动是否对达成目标有所帮助？	□是 □否
有时间限制的（time-bounce）	13	目标的时间限制是否足够明确？	□是 □否
	14	目标所用时间是否为当前能达到的最短时间？	□是 □否
	15	完成目标是否有明确的截止时间？	□是 □否

小贴士

当有了某一目标时，可以用 SMART 原则检验表来检验目标是否符合 SMART 原则。当 SMART 原则检验表中的所有项都为“是”时，代表这个目标完全符合 SMART 原则，是一个合格的目标。假如 SMART 原则检验表中的某一项为“否”，则应当重新审视该目标，重新定义目标。

6.1.3 目标管理：不断达成新目标

问题场景

1
员工具备了目标意识，有了正确的目标后，目标激励就完成了吧？

2
这只是目标激励的基础，要做好目标激励，还要学会正确实施目标管理，有效应用目标。

3
目标管理？有效应用目标是什么意思？

4
目标激励不是一次性的，应当是持续进行的，这就需要团队管理者具备目标管理能力，持续进行目标激励。

5
这样管理者就可以持续与员工一起构建和实现目标了吧？

6
没错，团队管理者持续正确实施目标管理，能够让团队和员工不断达成更高的目标。

问题拆解

有效的目标激励不是一次性的，而应是持续实施的。员工具备目标意识，懂得正确设置目标后，团队管理者应持续实施目标管理，让员工不断设立和达成新的目标，让员工持续有更高的目标实现激励。

方法工具

工具介绍

目标管理

目标管理最早是由管理大师彼得·德鲁克（Peter F. Drucker）在 1954 年提出的。德鲁克被称为现代管理学之父，他在目标管理（management by objectives）方面的方法论深深地影响着当代企业的经营发展。

目标管理的基本步骤可以分成 4 步，分别是设定目标、分解目标、执行目标和总结改善。

目标管理的 4 个步骤

设定目标是目标管理的第一步。团队管理者不仅要保证员工有目标，还要保证员工在对的时间拥有对的目标。目标有大有小，有长期有短期，除了遵循SMART原则外，还应考虑诸多因素。

宏观的、远期的目标往往难以实现，要将大目标分解成小目标，将小目标分解成一个一个的具体行动。分解目标的过程也是明确思路和厘清头绪的过程。分解目标能够让原本看起来难以实现的目标变得容易实现。

设定目标 1
分解目标 2
3 执行目标
4 总结改善

为更好地达成目标，也为达成更高的目标，需要对目标实施情况进行总结复盘。通过总结评价，为下一步分析改进提供准备和依据。当目标达成时，可以总结判断是否存在进一步提升空间；当目标未达成时，可以分析评估改进方法。

执行目标是为了避免“三分钟热血”，保障目标落地实施的关键步骤。目标是方向，要达成这个方向，离不开努力的过程。如果设定目标后，自己不重视目标，不围绕目标开展行动，目标将形同虚设，偏离最初计划。

应用解析

选拔优秀

根据团队战略，员工应该达成的目标。这是员工的职责，是宏观环境对员工的客观要求，但这种要求并不一定能够被岗位员工所认知，对此团队管理者应当清楚。

员工根据个人对情况的理解和判断，主观认为想要达成的目标。这是员工对本岗位目标的定义，是员工的主观意愿。

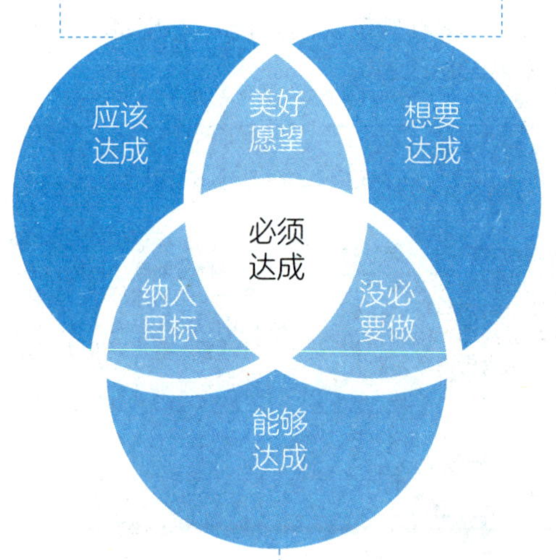
应该
达成
美好
愿望
想要
达成
必须
达成
纳入
目标
没必
要做
能够
达成

受员工个人能力和所能调动资源的限制，实际可以达成的目标。这是员工在制定目标并根据目标展开行动后，实际完成的目标。能够达成什么不仅反映了员工的个人能力，也反映了员工周围的环境是否有利于员工达成目标。

小贴士

目标激励要发挥作用，最好由团队管理者和员工一起设计目标。团队管理者可以就员工应该达成什么给出建议，对员工能够达成什么给出预测。员工根据团队管理者的建议，调整自己想要达成的目标。

6.2 目标讨论：与员工一起设定目标

团队管理者和员工一起设定目标，一起就目标的设置进行讨论和评判，不仅能让员工为了正确的目标而努力，而且能在这个过程中和员工保持沟通，充分了解员工当前的工作状况，达到激励的目的。

6.2.1 目标侧重：不同层级目标设置

问题场景

1
我应该做好表率，给自己设定一个带领团队采取A行动的目标。

2
这个目标对你来说太小了，你的目标定位应当更宏观一些。

3
为什么？我觉得这个目标很“接地气”啊。

4
团队中的高层、中层和基层设置目标的落脚点是不一样的。你是高层，但你设置的目标是更适合基层的，你可以要求基层设置这个目标。

5
团队中的不同层级应如何设置目标呢?

6
高层的目标应落脚于价值结果，中层的目标应落脚于任务结果，基层的目标应落脚于行为结果。

问题拆解

高层视野格局更高，更关注战略愿景和远期发展，工作落脚点更宏观。基层工作更具体，更关注执行细节和短期任务，工作落脚点更微观。中层介于高层与基层之间，起到上传下达、承上启下的作用，目标落脚点也介于两者之间。

方法工具

工具介绍

职场三层级目标落脚点

职场中，不同层级工作目标的落脚点是不同的，对应的目标种类也应有所不同。

高层是指路明灯，要处理复杂问题，要站在比较高的维度思考问题，应有大局观。高层更关注价值，目标可以聚焦在如何带领团队创造更大的价值。这里的价值主要指业绩成果。

中层是中流砥柱，是腰部力量，一方面要关注战略规划，另一方面要把握基层工作执行。中层更关注任务，目标可以聚焦在如何保证员工运行好工作项目。这里的任务主要指一系列行为的集合，也可以是某个项目。

基层是基石，要关注细节，要执行到位。基层更关注行为，目标可以聚焦在如何让每一个行动都执行到位。这里的行动应当可以被分解为每一个动作。

三层级的目标定位

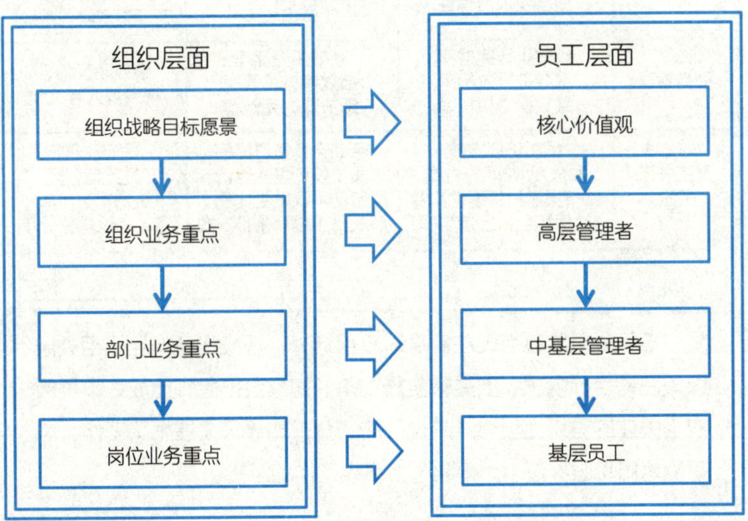
组织层面
组织战略目标愿景
组织业务重点
部门业务重点
岗位业务重点
员工层面
核心价值观
高层管理者
中基层管理者
基层员工

应用解析

举例：人力资源工作者 3 层目标设置

模块	基层	中层	高层
人才规划	月/季/年人数 人员进出情况	人员编制控制率 人才缺口率	人才规划完备率 人才梯队完备率
人员结构	年龄结构 学历结构 司龄结构	态度结构 能力结构 绩效结构	岗位胜任情况达标率 后备人才能力达标率
招聘管理	简历获取率 简历合格率 面试赴约率	面试通过率 招聘满足率 招聘渠道贡献度 内/外部招聘比率	人才到岗率 招聘成本 空缺岗位补充时间
培训管理	实施培训次数 参训人次/人数	培训计划完成率 培训课时完成率 培训满意度	人才能力达标率 培训费用/培训投资回报率 人才培养体系完备率
人才保留	离职人数 离职面谈率 同批雇员留存率/损失率	离职人员结构 离职人员流向 离职原因情况	人才离职率 离职人才业务合作率
薪酬管理	考勤的检查次数 薪酬发放及时性 薪酬发放准确性	加班强度比率 薪酬福利发放总额 薪酬福利调整情况 工资增长率	员工出勤率/缺勤率 人力费用额/率 人均劳效/利润 万元工资收入/利润
绩效管理	绩效工作完成率 绩效数据收集率 绩效检查执行率	绩效工资比率 绩效考核覆盖率 绩效数据完备率	绩效改善结果 高绩效人才比率
员工关系管理	员工访谈次数 发放/回收问卷件数 接待员工投诉事件次数 社保和公积金参与率	劳动合同签订比率 员工投诉发生比例 劳动争议发生比例 解决员工投诉事件次数	员工敬业度 员工满意度 工伤损失比率 劳动争议损失比率

小贴士

不同层级除重点关注自身对应目标外，还应注意与自己相关层级关注的目标情况，要具备全局视角。如果没把落脚点放在本层级应当关注的重点上，有“越位”的嫌疑；如果只关注手头工作，则可能格局和眼界过小，不利于上下级工作的承接。

6.2.2　目标评判：目标质量评价方法

问题场景

1
有个员工语言表达能力差，不敢在公开场合讲话，给自己设定的目标是“每天看30分钟公开演讲的视频”。

2
这显然是一个质量比较差的目标。
…

3
为什么？这个目标不符合SMART原则吗？
?

4
这个目标虽符合SMART原则，但对“提升语言表达能力”的贡献度差。每天看演讲视频虽然有助于提高语言表达能力，但提升效果并不大，关键还是得练习。

5
看来就算目标符合SMART原则，也不一定就是合适的目标。

6
没错，在确定目标前，我们还要做必要的检验，评判目标的质量。

问题拆解

恰当的目标应当符合 SMART 原则，但不代表符合 SMART 原则的目标就是恰当的目标。SMART 原则是设定目标的基本原则，但并非全部原则。当员工设定出目标后，团队管理者还应当和员工一起评判目标的质量。

方法工具

工具介绍

评价目标质量

设定目标时，除了根据 SMART 检验目标质量外，还要检验目标的质量。检验目标质量可以从 4 个维度入手，分别是可控性、可实施性、低成本和高贡献度。

评判目标质量的 4 个维度

可实施性指的是目标是否具备可行性，能否通过某种行动被有效实施。如果目标看起来很美好，但实际上难以被落地实施，同样不能作为有效的目标。

低成本指的是实现目标和评估目标需要付出的成本较低（尤其是评估目标）。如果评估目标需要付出的成本较高，则目标通常是无效的。

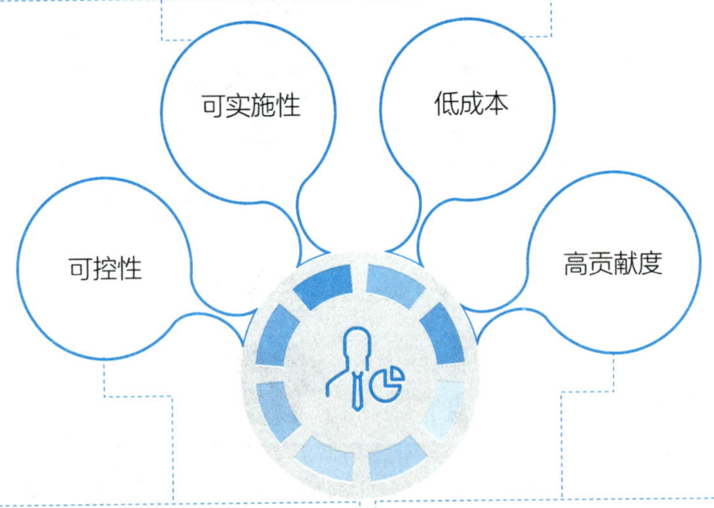
可实施性
低成本
可控性
高贡献度

可控性指的是目标要和员工具备一定的关联性，要是自身在一定程度上能够控制的。如果不是自身能够控制的，就算这个目标再重要，也不能作为有效的目标。

高贡献度指的是实现当前目标对实现更大目标应具备较高的贡献度。如果目标的贡献度低，则代表耗费了时间却没有为实现更大的目标服务，是无效的目标。

应用解析

目标质量检验举例

某团队管理者在与销售业务员讨论目标设置时，初步列出了销售额、毛利率、利润额和顾客满意度4项目标，对这4项目标的质量判断如下所示。

目标	1	2	3	4	结论
	可控性	可实施性	低成本	高贡献度	
销售额	高	高	高	高	高质量
毛利额	中	高	高	高	中质量
利润额	低	高	高	高	中低质量
顾客满意度	中	低	低	高	低质量

销售额

与销售业务员岗位的关联性最大。销售业务员对这项目标的可控性和可实施性较高，评估成本较低，贡献度较高。所以销售额对于销售业务员岗位来说，可以判定为高质量目标。

毛利额

虽然于销售业务员岗位而言可实施性较高，评估成本比较低，贡献度较高，但关联性和可控性居中。所以毛利额对于销售业务员岗位来说，可以判定为中等质量的目标。

利润额

虽然于销售业务员岗位而言可实施性较高，评估成本较低，贡献度比较高，但关联性和可控性偏低。所以利润额对于销售业务员岗位来说，可以判定为中低质量的目标。

顾客满意度

顾客满意度对单一的销售业务岗位而言可控性居中，虽然该目标贡献度较高，但在可实施性和低成本方面都评价较低。所以顾客满意度对于销售业务员岗位来说，可以判定为低质量的目标。

小贴士

应用目标质量检验表时，在表格最左端填写目标，每个目标对应 4 个维度的判断可以用“高、中、低”3 个层级来表示，也可以用“5、4、3、2、1”从高到低的 5 个分值来表示，还可以用“是”或“否”来表示。

6.2.3 目标拆分：将目标落实到行动

问题场景

1 我们团队之前也强调过目标的重要性，很多员工虽然有目标，却不知道如何围绕目标开展行动，很多目标最后不了了之。

2 有目标，不代表就能实现目标，还要对目标做拆解，拆解出实现目标需要考虑的环节和问题。

3 我们之前确实在这方面欠缺考虑，围绕目标做的事不够周全。

4 借助工具化思维，能有效避免这方面的问题。

5 用什么工具解决这个问题呢？

6 可以用5W1H工具，将目标展开，看到与目标相关的更多关联。

问题拆解

有目标后，要想让目标有效落地，需要明确行动的具体实施方法、责任人、完成时间等内容。要保证内容全面，这时候，可以用到 5W1H 工具。5W1H 工具能够将目标展开，不仅能发现实现目标的路径，还能发现落实目标时的遗漏。

方法工具

工具介绍

5W1H 工具

5W1H 分别指的是 what（什么事 / 什么对象）、why（为什么 / 什么原因）、where（什么场所 / 什么地点）、when（什么时间 / 什么程序）、who（什么人员 / 责任人是谁）、how（什么方式 / 如何做）。

5W1H 工具示意图

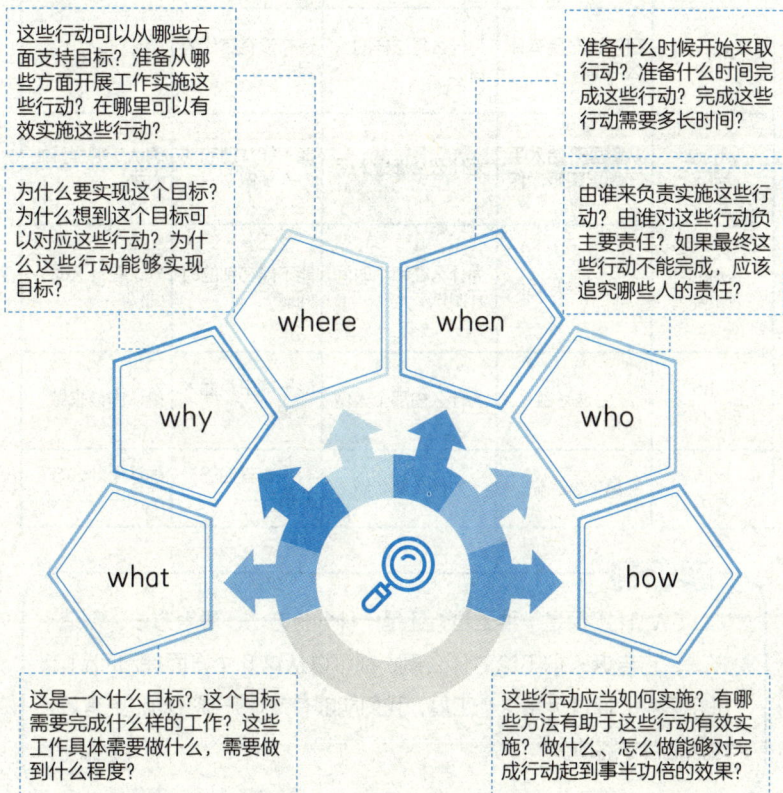

where：这些行动可以从哪些方面支持目标？准备从哪些方面开展工作实施这些行动？在哪里可以有效实施这些行动？

why：为什么要实现这个目标？为什么想到这个目标可以对应这些行动？为什么这些行动能够实现目标？

when：准备什么时候开始采取行动？准备什么时间完成这些行动？完成这些行动需要多长时间？

who：由谁来负责实施这些行动？由谁对这些行动负主要责任？如果最终这些行动不能完成，应该追究哪些人的责任？

what：这是一个什么目标？这个目标需要完成什么样的工作？这些工作具体需要做什么，需要做到什么程度？

how：这些行动应当如何实施？有哪些方法有助于这些行动有效实施？做什么、怎么做能够对完成行动起到事半功倍的效果？

应用解析

5W1H 工具应用举例

某公司研发部门设计部门的目标是“年底前，成功研发出某产品”。该部门为了完成这个目标，成立了针对该产品的研发项目组。该项目组在正式实施研发前，为保证目标落地，按照5W1H对工作进行全面分析，得到内容如下表所示。

5W1H	现状	原因	改善	确认
what 产品	要研发什么产品	为什么要研发该产品	能不能研发别的产品	确认研发什么产品
why 目的	研发该产品有什么目的	为什么是这样的目的	还有没有其他的目的	确认目的是什么
where 场所	从哪里开始入手 在哪里实施操作	为什么从那里入手	能不能从别的地方入手做	确认从哪里开始入手
when 时间	什么时候开始做	为什么在那个时间开始做	能不能在别的时间做	确认在什么时间做
who 作业人员	由谁来做	为什么由那个人做	能不能由其他人来做	确认由谁来做
how 方法	具体怎么做	为什么那么做	有没有其他的方法	确认用什么方法做

小贴士

5W1H 不仅是一种工具，还是一种分析方法、思考方法、创造方法。它告诉人们不论对什么事，都可以从这 6 个方面提出问题、进行思考。通过运用这个工具，我们能够有效地开展行动，更有效地保证目标落地。

6.3 目标达成：帮助员工实现目标

有了目标，不代表就能实现目标。假如员工设定目标后一直不能实现，不仅影响团队达成目标，也影响员工的信心，让员工对目标产生怀疑，减少目标激励的效果。这就需要团队管理者帮助员工实现目标。团队管理者与员工一起实现目标的过程能有效激励员工。

6.3.1 避免放弃：与员工一起面对困难

问题场景

1 有些员工设定目标后只有“三分钟热血”，等热乎劲儿过了就开始想放弃目标。

2

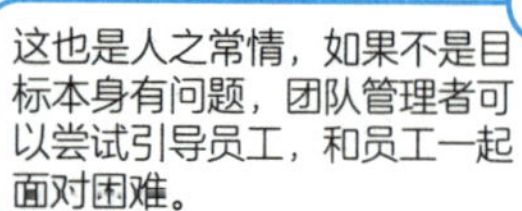
这也是人之常情，如果不是目
标本身有问题，团队管理者可
以尝试引导员工，和员工一起
面对困难。

3 如何引导员工呢？

4 首先和员工沟通，弄清楚其想要放弃目标的真实原因。

5 找到员工想放弃的原因后，针对原因来引导员工继续推进目标是吧？

6 员工想放弃目标多数是因为遇到了困难，相较于劝导员工，不如帮助员工发现困难，有针对性地辅助解决问题。

问题拆解

很多人走着走着，就忘记了自己当初为什么出发。设定目标后有放弃的想法是人之常情。当团队管理者发现员工有放弃目标的苗头时，可以查找员工想放弃的原因，和员工一起面对达成目标过程中遇到的困难。

方法工具

工具介绍

激励想放弃目标的员工

员工想放弃目标的原因有很多，有可能是忘记了初衷，有可能是没有感受到目标给自己带来的价值和意义，还有可能是实现目标过程中遇到了困难。

当员工定好目标却在执行过程中想放弃时，团队管理者应当帮助员工重新审视目标的意义，精准定位实现目标时遇到的困难，准确找到实现目标的方法。

激励员工不要放弃目标的 3 个步骤

当放弃目标的念头产生时，不要一上来就思考“难不难”或“能不能”的问题，而应该问“这到底是不是自己想要的？”，之所以问这个问题，是为了通过回顾最初制定目标的目的和意义，重新审视设定目标的初衷。

放弃目标有时候是因为遇到了困难，这时候要精准定位存在的差距、障碍、风险等，明确问题究竟是什么、如何解决。如果可以提前想好或准备好解决方案，则能够及时越过困难。

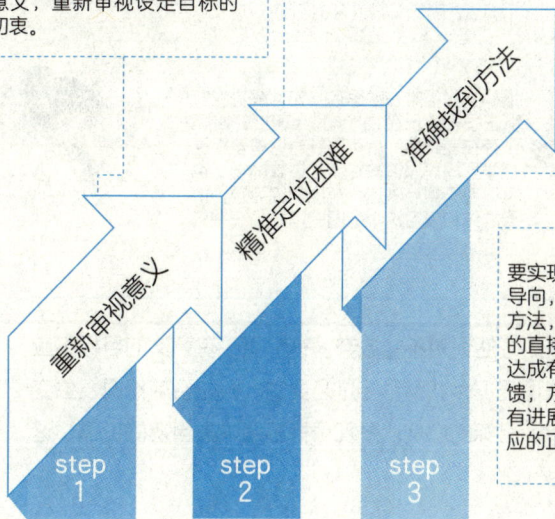

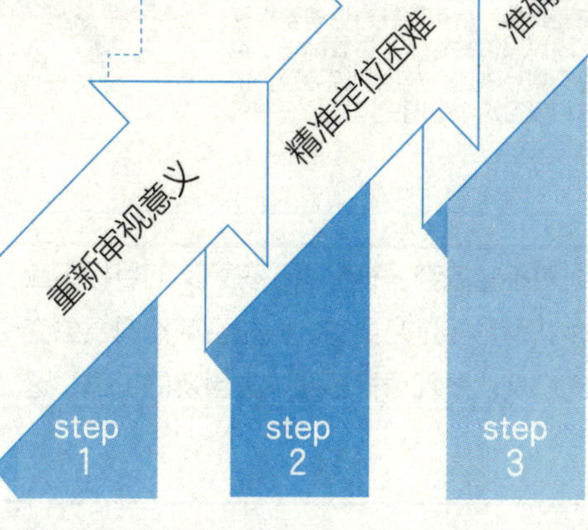
重新审视意义
精准定位困难
准确找到方法
step 1
step 2
step 3

要实现目标，需要以结果为导向，找到实现目标的正确方法，而不是“拍脑袋”式的直接做。方法对了，目标达成有进展，能够得到正反馈；方法不对，目标达成没有进展，则可能不会产生相应的正反馈激励行动。

应用解析

举例：帮助张三避免放弃目标的过程

张三是财务从业者，近期想考取某财务证书，于是给自己设定了“用6个月时间，复习并通过该证书考试”的目标。可一段时间后，张三想要放弃，这时候可以通过以下3个步骤，避免张三放弃目标。

第1步：重新审视意义

当初为什么要设定这个目标呢？
因为马上要面临财务经理岗位的竞聘，张三虽然工作态度和绩效较好，但专业知识是其短板。借助证书考试，既可以系统弥补专业知识的缺陷，又能给自己“镀金”，一举两得，所以目标的意义还在。

第2步：精准定位困难

张三现在为什么想要放弃这个目标呢？
因为张三克服工作忙的困难，找时间学习后，发现做模拟考试题总得分不高。其实仔细分析后，张三发现是15个知识点始终没学会，有28种题型总做错。定位问题后，可以针对性学习。

第3步：准确找到方法

准确找到困难在哪里后，如何解决呢？
张三发现自己在15个知识点和28种题型上存在差距后，就可以针对这些差距重点学习。可以请教专家、请教同学，也可以每天重点做这个范围的练习题，重点总结和复习这个范围的错题。

小贴士

目标并不是定好后绝对不能放弃。有价值、有意义的目标不应当放弃。在有些情况下，调整目标是必要的。假如当前情况发生变化，经过重新审视目标的意义，发现目标已经失去当初的价值，这时候应当调整目标。

6.3.2 行动方案：实现目标的路径设计

问题场景

1 很多员工有目标，但最后却没能达成目标。

2 咱们团队管理者有没有和员工一起制订实现目标的方案和计划呢？

??

3 我们很少会这么做……

4 目标要想落地执行，需要有效的方案与计划支撑。团队管理者需要和员工一起完成。

!

5 可有时候“条条大路通罗马”，总不能把所有方案都试一遍吧？具体要采取什么样的方案让目标落地呢？

?

6 可以先对方案进行分类，选择有效性和可行性好的方案优先实施。

问题拆解

实现目标需要有方案和计划支撑，团队管理者最好与员工一起制订方案和计划，这个沟通过程本身也是一种激励。当可选的方案较多，时间和资源又有限时，可以对方案做分级，选择那些优先级高的方案先实施；优先级低的方案可以延后实施或不实施。

方法工具

工具介绍

方案分级

当实现目标的方案较多时，要选择适合的方案，可以从有效性和可行性两个维度来筛选。

有效性代表着对方案结果的预期，指的是方案实施后可能带来的成效。方案毕竟没有正式实施，所以这里的有效性对应的是方案可能的结果。方案的有效性代表着方案有不同的上下限。

可行性指的是具备实施方案需要的素质、能力、信息、资源等要素，能够在一定程度上确保方案落地有效实施。

方案分级逻辑示意图

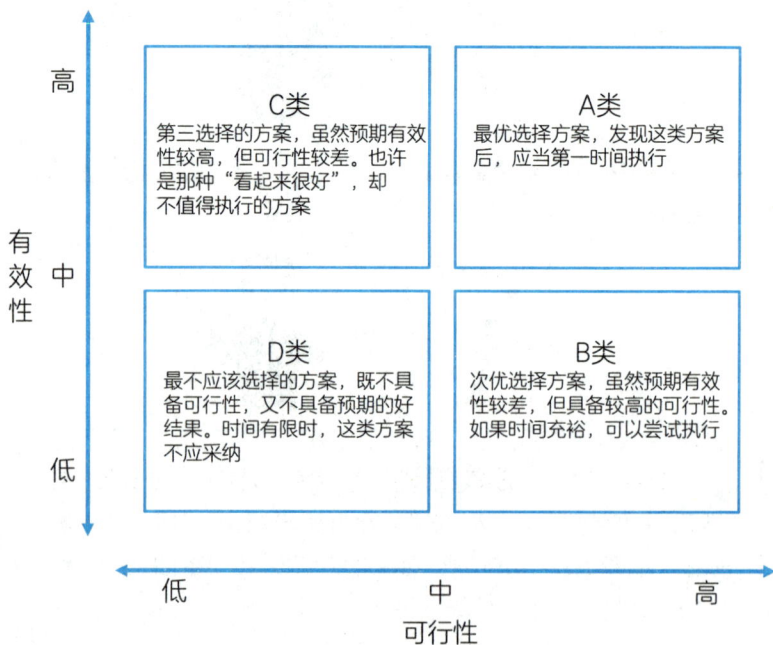

有效性 \ 可行性	低	高
高	C类 第三选择的方案，虽然预期有效性较高，但可行性较差。也许是那种“看起来很好”，却不值得执行的方案	A类 最优选择方案，发现这类方案后，应当第一时间执行
低	D类 最不应该选择的方案，既不具备可行性，又不具备预期的好结果。时间有限时，这类方案不应采纳	B类 次优选择方案，虽然预期有效性较差，但具备较高的可行性。如果时间充裕，可以尝试执行

（纵轴：有效性，低—中—高；横轴：可行性，低—中—高）

应用解析

方案分级案例

某公司的顾客数量有减少趋势，期望增加顾客数量，经过头脑风暴后，列出的备选方案一共有7个，分别是召开新产品推介会、加大零售终端的投放力度、邀请明星做广告代言、开发老用户形成老带新活动、增加宣传海报的印刷数量、大力度投放自媒体广告和重新拍摄公司的宣传广告。

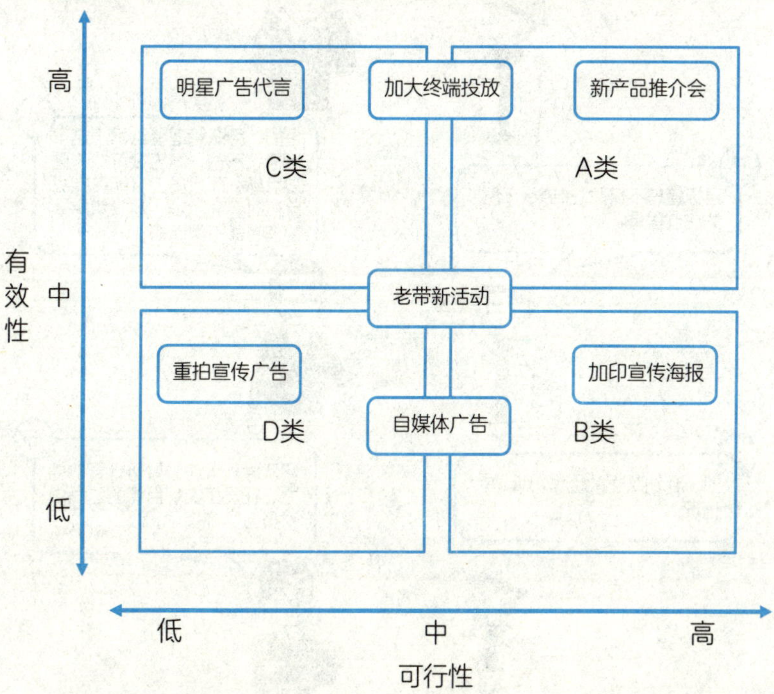

有效性
高
中
低
明星广告代言
加大终端投放
新产品推介会
C类
A类
老带新活动
重拍宣传广告
加印宣传海报
D类
自媒体广告
B类
低
中
高
可行性

小贴士

方案分级不仅能增加员工实现目标的概率，而且能节省员工的时间，让员工更高效地实现目标。当我们要实现某个目标，发现实现目标的备选方案较多时，可以采取方案分级法，优先选择最优方案实施。

6.3.3 员工辅导：让实现目标变得简单

问题场景

1 我之前一直认为目标管理就是和员工定好目标后，到期看员工目标完成情况，然后视情况看要不要给员工发奖金。

2 这个认识是“秋后算账”式的管理。

3 目标管理不仅关注结果，还要关注过程是吧？

4 是的，团队管理者给员工定了目标就不管，员工很可能不重视目标，而且员工可能在完成目标时遇到困难，难以解决，管理者却不得而知。

5 对，我团队之前也常出现这种情况。

6 团队管理者应当具备辅导的能力，在员工实现目标的过程中，对员工实施辅导。

问题拆解

员工辅导指的是团队管理者就员工实现目标的进展情况，与其讨论可能存在的潜在问题和障碍，并与其一起共同制定方案、解决问题的过程。目标辅导不仅能够帮助员工实现目标，而且可以提升员工的能力，从而起到强化员工激励效果的作用。

方法工具

工具介绍

员工辅导

员工辅导包括向员工传授技能和激励员工行动两项重要工作。

不是每一位管理者都懂得如何向员工传授技能。许多团队管理者做事非常出色，但要教别人时却不知道从何处下手。

人们的行为来源于大脑复杂的过程，并不会因为别人简单的说教或指挥就有所变化，团队管理者要通过辅导激励员工采取某项行动是需要技巧的。

传授员工技能的 6 个步骤

团队管理者实际操作一遍，让员工观摩学习。员工可以针对管理者的操作提出自己不理解的疑问或想法。

针对员工操作中存在的问题，给予指导和纠正。必要时，可以重复第1步和第2步，并让员工重新模拟操做。持续重复，直到员工能独立操作达到管理者要求为止。

员工与团队管理者一起探讨，在现有方法基础上，是否有可能进一步创新，达到提高效益或效率、降低成本或风险的目的。

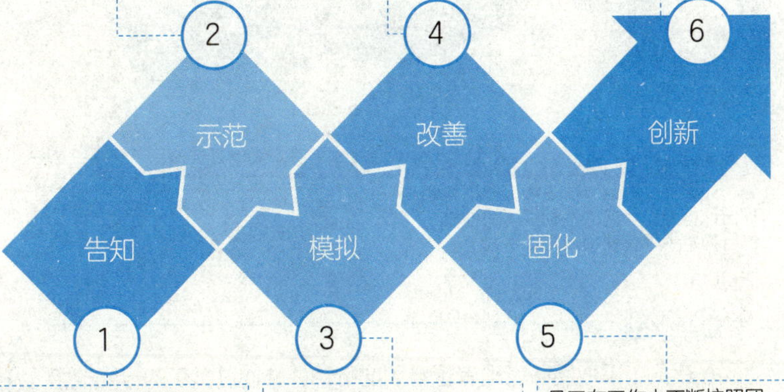
2
4
6
示范
改善
创新
告知
模拟
固化
1
3
5

团队管理者可以告诉员工某项工作或者某技能的具体操作流程、步骤、方法以及操作过程中的注意事项等。总之，要把如何做好这项工作相关的一切信息，传递给员工。

团队管理者要求员工按照自己传授的方法或技巧以及自己的示范操作一遍。这个过程中，团队管理者要观察员工的操作与自己传授的方法是否一致。

员工在工作中不断按照团队管理者传授的方法持续练习，直到将这种方法变成习惯，固化成自己不需要思考的操作。在这个过程中，管理者仍然需要不断进行指导和纠偏。

应用解析

辅导中激励员工行动的 4 个技巧

团队管理者首先要识别出自己期望员工做到的行为是什么样的。这个行为要具体，而不是靠感觉或主观判断，要能够被员工理解；对员工来说，要有意义。

团队管理者要明确向员工传达期望其做的行为，确保员工能够理解期望行为的具体表现、这个行为能够为其带来的好处，以及如果不执行这个行为其可能要为此承担的后果等。

识别
期望
的行为
传达
对员工
的期望
处理
员工
行为结果
对员工
持续
评价

正向的激励能够持续让员工保持某类行为，如果缺失的话，员工很可能不再表现出该行为。负向的激励只能保证员工的行为水平停留在负激励水平之上。

团队管理者要客观评价员工从事这项行为的结果，过程中要以具体的行为事实为依据而不是主观判断。团队管理者要评价行为进展是否顺利，有没有出现问题，需要如何改进。

小贴士

让员工采取团队管理者想看到的行动，并通过员工的行动改善自身绩效，从而改善团队绩效，这是员工辅导的终极目标。只要能达到这个终极目标，团队管理者可以灵活采取各类有益的活动。这正是管理中艺术化的体现。

07

自我激励：由内向外的激励

本章背景

1
听完前面的人才激励方法，我觉得我们团队有不少地方要改进，我们可以做得更好。

2
前面说的激励方式都是由外向内对员工实施的，还可以由内向外实施。

3
由内向外实施激励是什么意思？

4
就是激发员工的自驱力，让员工实现自我激励。

5
如何激发员工由外向内的自驱力呢？

6
可以通过兴趣、发展和规划来实现；也通过比较、压力和危机来实现；还可以通过榜样、创造荣誉和分享荣誉来实现。

背景介绍

评判一个团队管理者的管理能力，不是看团队管理者在的时候员工做什么，而是看团队管理者不在的时候员工在做什么。团队管理者不可能时时看着员工，处处管着员工。当团队管理者不在时，如果员工不能自己管好自己，证明管理还没有做到位。所以自我激励，也是一种好的激励方式。

7.1　自驱动力：激发员工的自驱力

激发员工的自驱力，能让员工在行动上产生主观能动性，主动自发地做好工作。变由外向内的激励为由内向外的自驱力，从而实现激励效果。常见激发员工自驱力的方式有 3 种，分别是兴趣激励、发展激励和规划激励。

7.1.1 兴趣激励：创造极大的驱动效果

问题场景

1 有的员工刚接触岗位时觉得新鲜，后来就失去兴趣了。这时候怎么办呢？

?

2 员工对工作有多大的兴趣，和团队管理者的管理能力关系很大。

3 员工对工作的兴趣和团队管理者有关？难道兴趣还能培养和创造吗？

4 可以啊，虽然是否感兴趣是一种主观感受，但主观感受是能够被引导的。

5 那该怎么引导呢？

?

6 要帮助员工培养兴趣，或创造兴趣，团队管理者首先要培养自己引导员工对工作产生兴趣的能力。

问题拆解

兴趣不是一成不变的，是能够被发掘、培养和引导的。员工很可能只是还没有发现自己工作的兴趣。让员工对工作产生兴趣的关键角色，是员工的直属上级（团队管理者）。

方法工具

工具介绍

兴趣激励

员工做自己感兴趣的岗位时能够获得最大的愉悦感，愿意为之付出最大的努力。当员工有兴趣的时候，员工的工作积极性和主动性能够被极大地调动起来，工作热情高涨。当员工缺乏兴趣的时候，可能会失去工作的动力，出现消极怠工的情况。有时候员工绩效低，正是因为没有对工作产生兴趣。

让员工对工作产生兴趣的三大原则

为工作赋予意义。
没有人愿意做无意义的工作，人们追求意义感的时候，其实也是在追求存在感。如果员工不能够发现自己工作的意义，很难对工作产生兴趣。

让工作有所变化。
没有人喜欢单调的工作，如果工作过于单调，员工会感觉乏味，很容易对工作产生倦怠。当然，工作变化不宜过大，变化过大的工作可能会让员工没有安全感。

意义
变化
自主

让员工自主安排工作。
没有人希望被别人控制，当员工能够自主安排工作的目标和计划的时候，员工会感受到责任。这时候员工的主动性会更强，愿意为工作付出更多的努力。

应用解析

为员工设计有趣工作的 6 个方法

员工的工作内容不要过于单一，在员工能够完成本职工作的情况下，可以给员工安排一些上下游工作或关联性工作，让员工的工作内容更加多样。

员工的工作目标不应过于简单，设计的工作目标应当具备一定的挑战性。有挑战性的工作能够增加员工的斗志，员工更愿意参与。

员工主动愿意参与的工作，其产生兴趣的可能性更大，增强员工在工作中的自主性，能够增强员工的参与感，从而激发员工的兴趣。

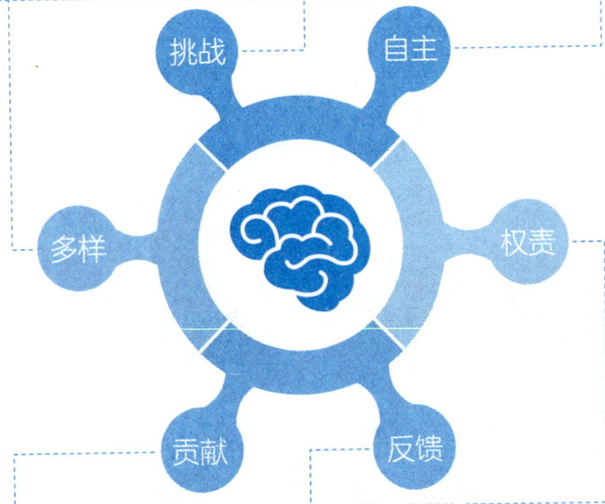
挑战
自主
多样
权责
贡献
反馈

不论员工的实际工作成果如何，管理者都要予以尊重，要肯定员工的付出。肯定员工的贡献也是体现工作价值的关键。

管理者对员工即时的、正面的反馈有助于员工在成果较好时获得好的体验；在员工的成果较差时及时鼓励员工，让员工持续地产生正面行为。

员工在工作中的权限越大，员工的主观意愿在工作中的体现越明显，但相应的，员工的责任也应当越大。扩大权责，同样是增强员工自主性的方法。

小贴士

兴趣并非一成不变，而是会随着环境的变化而改变。员工对某项工作缺乏兴趣，往往是因为信息不对称，员工只接收到这项工作的负面信息，没有接收到正面信息。如果员工长时间体会到工作的负面感受，没有体会到足够的正面感受，员工就会对工作产生厌恶感。

7.1.2 发展激励：让员工的努力有奔头

问题场景

1

内部晋升确实是好事，可是如果全部采取内部晋升的话，可能没有那么多管理岗位满足员工的晋升。

2

员工的职业发展，其实不是只有向上晋升这一条路。

3

升职加薪不是每个员工都向往的吗？还有别的路径吗？

4

是的，比如有的员工不愿意做管理者，他只想在专业上精进。

5

也对，这种情况我应该怎么办呢？

6

可以建立多条晋级路线，创造多种晋级方式。晋升有很多种，有职位晋升，有职级晋升，也有薪酬晋升，可以根据员工期望满足其需求。

问题拆解

对于职业发展方向和转换方向，很多管理者有一种朴素的误解，认为职业发展只有一个方向、一条路径，就是“升职加薪”。他们认为只有给予员工升职加薪，才代表员工在职业上得到了发展。其实，因为员工的个性不同，处境不同，对不同员工来说，职业发展可以选择的方向非常广泛。

方法工具

工具介绍

职业发展的 4 个方向

员工的特性各不相同，有人追求职业上的高度，期望成为管理者；有人追求职业上的深度，期望在本领域内做精做深，成为专家；有人追求职业上的宽度，想尝试不同的岗位，不断尝试新的工作职能；还有人追求职业上的温度，把职业看成是谋生的工具，把重心留给自己的生活和家庭。

员工职业发展的 4 个方向

高度即传统的“升职加薪”路线。这种职业发展路线适合能力素质模型中具备“成就导向”或者具备管理潜质的员工。这类员工期望通过自己的能力来兑换价值，崇尚努力后从职位变化来衡量努力后的结果。

宽度是追求尝试多种职业的角度。有的员工既不喜欢比较高的职位，也不喜欢专业上的精深，而是喜欢新鲜的感觉，喜欢尝试不同的职业。这就像有些人喜欢旅行，去不同的国家，见识不同的文化，欣赏不同的风景。

高度
更高职位
宽度
其他职能
深度
更加专业
温度
职业平衡

深度是追求专业领域、崇尚专业精深的角度。有的员工天生不愿意领导或管理别人，职位上的提升不适合这类人。但这类人愿意通过持续提高自己专业领域内的能力，未来能够成为优秀的专家、顾问或咨询类人才。

温度是追求安全感。有的员工不想把过多时间和精力用在职业上，把职业定位成养家的工具。职业只需要为其提供基本的安全感。这些员工更期望把时间和精力用在非工作的事情上，比如家庭生活、兴趣爱好、社群活动等。

应用解析

案例：某团队职业发展通道和职业发展路径

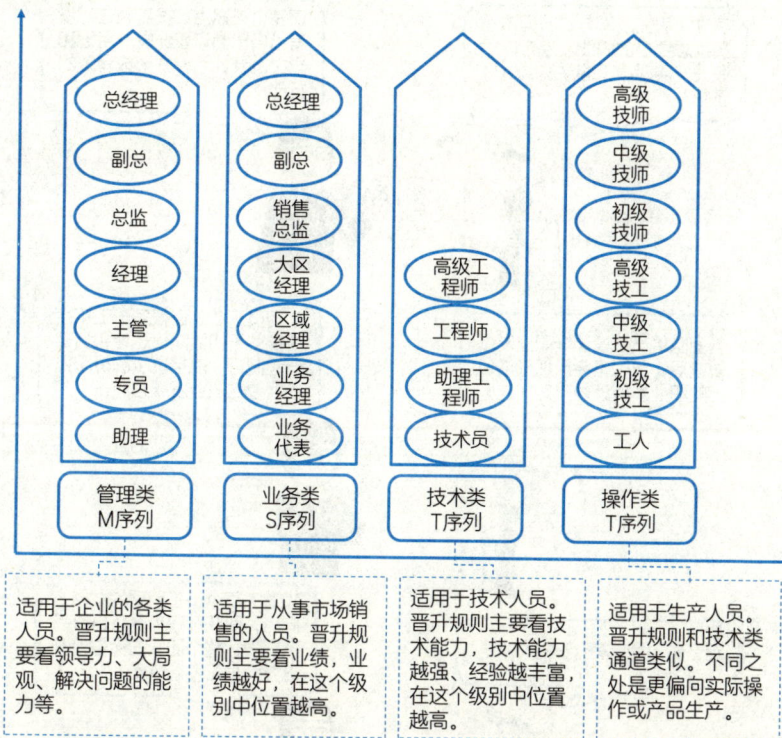

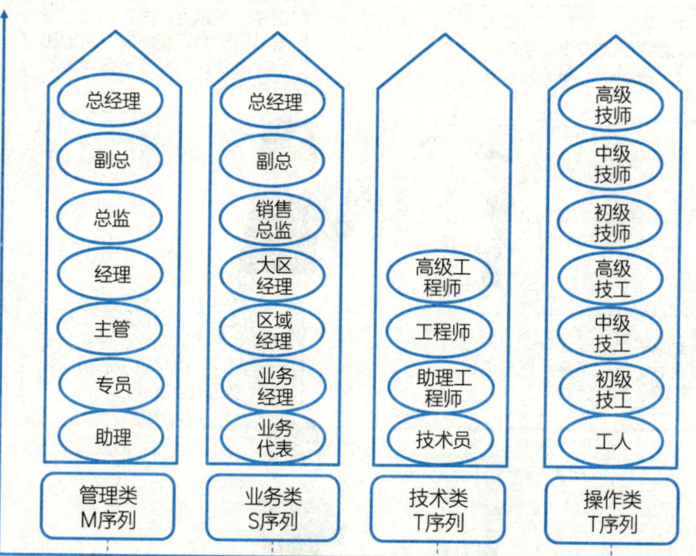
职业发展
总经理
副总
总监
经理
主管
专员
助理
管理类
M序列
总经理
副总
销售总监
大区经理
区域经理
业务经理
业务代表
业务类
S序列
高级工程师
工程师
助理工程师
技术员
技术类
T序列
高级技师
中级技师
初级技师
高级技工
中级技工
初级技工
工人
操作类
T序列

管理类M序列	业务类S序列	技术类T序列	操作类T序列
适用于企业的各类人员。晋升规则主要看领导力、大局观、解决问题的能力等。	适用于从事市场销售的人员。晋升规则主要看业绩，业绩越好，在这个级别中位置越高。	适用于技术人员。晋升规则主要看技术能力，技术能力越强、经验越丰富，在这个级别中位置越高。	适用于生产人员。晋升规则和技术类通道类似。不同之处是更偏向实际操作或产品生产。

小贴士

员工的职业可以横向发展，也可以纵向发展。管理者除了建设职业发展通道之外，还要明确晋升条件和晋升标准，避免模棱两可的情况。有些晋升规则中的“表现优秀”“业绩突出”之类的形容词，就是典型的不确切的描述。比较量化、比较确切的晋升描述可以是“销售业绩排名前 10%”“360 考评结果排名 20%”“绩效考核得分排名前 30%”。

7.1.3 规划激励：成就员工也成就团队

问题场景

1
建立了职业发展方式，弄清楚员工想要走的职业发展方向后，职业发展对员工的激励就做好了吧？

2
还差个关键点，员工现在还没有给自己制订职业发展目标和能力发展计划，并形成有效的行动计划。

3
当团队给员工设计好职业发展轨迹后，员工不会自然形成自己的职业发展计划吗？

4
个别员工会，但很多员工不会。这样就不如团队管理者和员工一起制订，能借机了解每个员工期望的职业发展方向。

5
这么做对团队有什么好处呢？

6
知道了每个员工期望的发展方向后，团队管理者就可以统筹规划设计整个团队的岗位晋升进度和员工发展节奏。

问题拆解

设计好员工职业发展的规则之后，不代表在职业发展方面的激励就完成了。在员工明确了自己的职业方向之后，面对不同类型的员工，管理者需要与员工沟通，了解员工的职业意向，和员工一起制订其特有的个人发展计划。

方法工具

工具介绍

个人发展计划

个人发展计划（IDP，individual development plan）是一个帮助员工进行职业生涯规划的工具，是一张描绘员工未来职业生涯发展的地图。

IDP 能够协助员工勾勒出自身的优势、兴趣、目标、待发展能力及相应的发展活动，帮助员工在合适的时间内获取合适的技能以实现职业目标。

随着知识生命周期的缩短，越来越多的员工关心自己的 IDP。团队管理者在面临优秀人才流失的压力下，IDP 也成为提升团队管理者整体人力资本的重要方式之一。

员工个人发展计划图示

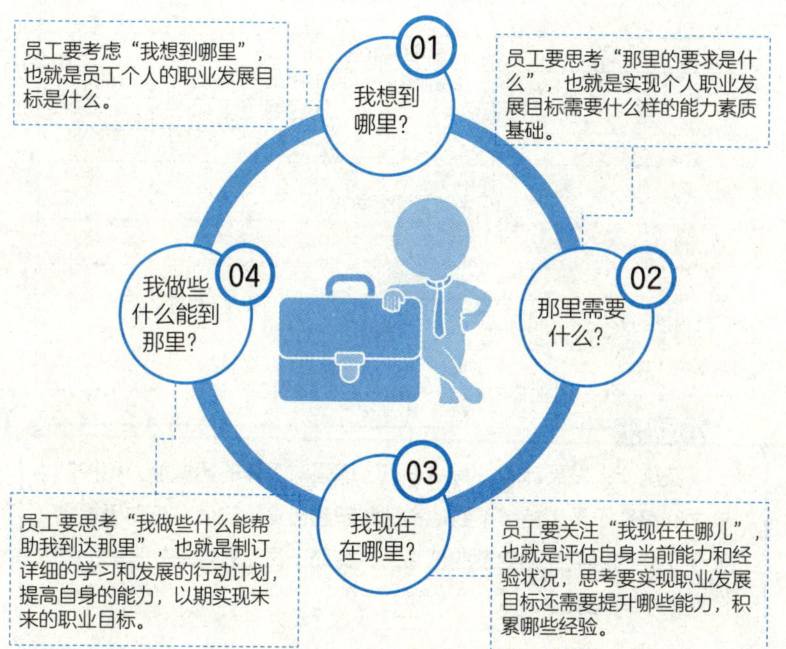
员工要考虑“我想到哪里”，也就是员工个人的职业发展目标是什么。
01
我想到哪里？
员工要思考“那里的要求是什么”，也就是实现个人职业发展目标需要什么样的能力素质基础。
02
那里需要什么？
03
我现在在哪里？
员工要关注“我现在在哪儿”，也就是评估自身当前能力和经验状况，思考要实现职业发展目标还需要提升哪些能力，积累哪些经验。
04
我做些什么能到那里？
员工要思考“我做些什么能帮助我到达那里”，也就是制订详细的学习和发展的行动计划，提高自身的能力，以期实现未来的职业目标。

员工个人发展计划样表

<table>
<tr><td>姓名</td><td></td><td>所在工资</td><td></td><td>部门</td><td></td></tr>
<tr><td>岗位</td><td></td><td>职务</td><td></td><td>直属上级</td><td></td></tr>
<tr><td colspan="6">计划有效期：××××年×月×日—××××年×月×日</td></tr>
<tr><td colspan="6">职业发展目标
（优势、劣势、挑战分别至少列出为实现目标最关键的三项）</td></tr>
<tr><td>职业发展目标</td><td colspan="5"></td></tr>
<tr><td>优势</td><td colspan="5"></td></tr>
<tr><td>劣势</td><td colspan="5"></td></tr>
<tr><td>挑战</td><td colspan="5"></td></tr>
<tr><td colspan="6">个人现状总结</td></tr>
<tr><td colspan="6"></td></tr>
<tr><td colspan="6">期望发展的技能
（至少列出三项）</td></tr>
<tr><td colspan="6"></td></tr>
<tr><td colspan="6">具体行动计划</td></tr>
<tr><td colspan="2">行动计划</td><td>衡量标准</td><td>持续时间</td><td>评估方式</td><td>评估人</td></tr>
<tr><td colspan="2"></td><td></td><td></td><td></td><td></td></tr>
<tr><td colspan="2"></td><td></td><td></td><td></td><td></td></tr>
<tr><td colspan="2"></td><td></td><td></td><td></td><td></td></tr>
<tr><td colspan="6">希望公司提供的支持</td></tr>
<tr><td colspan="6"></td></tr>
<tr><td colspan="6">签署计划</td></tr>
<tr><td colspan="2">□以上内容经过充分考虑和沟通，属于本人真实意愿，我同意此发展计划。</td><td colspan="2">本人签字：

时间：</td><td colspan="2">直属上级签字：

时间：</td></tr>
</table>

小贴士

实施个人发展计划，有助于员工增强对工作的把握能力和控制能力；有助于员工持续不断地实现和超越自身的价值；有助于提高员工工作的积极性和自发的创造力；有助于员工较好地处理职业和生活的平衡关系。

7.2 巧用竞争：激活团队实现驱动

好的激励机制，不是想办法让态度消极的员工变得积极，而是创造出竞争的环境，让这类员工在团队中无地自容。竞争环境能够让优秀的员工更优秀，让积极的员工更积极。常见的竞争激励包括比较激励、压力激励和危机激励。

7.2.1 比较激励：补足自己的缺点

问题场景

1 我看到别的团队“比学赶超”的氛围真羡慕，我的团队怎么就没有这种氛围呢？

2 你为此都做过什么呢？

3 我好像也没为此做过什么。

4 不必灰心，可以从现在开始行动，尝试在团队里做好比较激励。

5 可是我很担心实施比较激励之后，员工的情绪反而会受到打击。

6 比较激励确实是一个不容易实施的激励方法，需要把握好比较的“度”。

问题拆解

有些管理者简单地认为“只要有员工能做到，其他员工也应该能做到”，并以此为要求在团队内做比较。然而，这种不分青红皂白的比较不仅激励效果弱，而且很容易打击员工的积极性，起到反效果。适度运用比较激励，才能起到激发员工行动的效果。

方法工具

工具介绍

比较激励

比较激励能够增加员工队伍的活力。人们天然就有与他人比较的心理，希望处在比他人更优的位置。这种需求会激励人们不断成长。团队管理者可以运用员工的比较心理，为员工设置比较的对象，从而增加员工紧迫感，让员工更有动力。

比较对象的 3 种选择方法

目标比较

目标比较不是以某个人为比较对象，而是以某个目标为比较对象。这种比较可以聚焦目标，强调目标，但不以真人为比较对象，有时候比较感觉并不强烈。

对标比较

对标比较指的是不同的员工选择同一个对标对象做比较，业绩优秀的员工一般可以作为同类岗位中大部分员工对标比较的对象。

同类比较

同类比较指的是把情况类似的员工，作为比较的对象。情况类似的员工除了岗位相同之外，还可以是相同时间加入团队、相同学历或年纪相仿等。

应用解析

比较激励的 4 种操作方法

通过举办技能比武的方式，能够让同类岗位的员工形成竞技比较。竞技比较是员工暴露其工作能力问题的契机，管理者可以借此帮其改进。

可以把员工分成不同的小组，以每天、每周或每月为周期，按照小组的绩效情况进行比较，在周期末，排出各小组名次，并向员工公示。

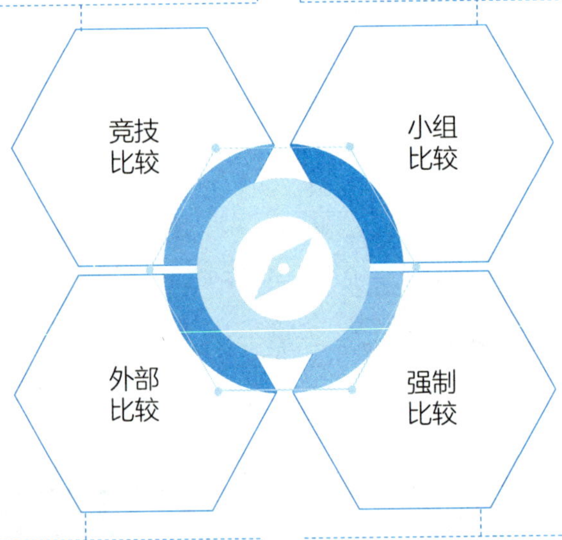
竞技
比较
小组
比较
外部
比较
强制
比较

除了从团队内部寻找比较对象之外，团队管理者还可以从外部寻找比较的对象，比如从对标公司、竞争对手或兄弟公司那里寻找优秀的员工作为比较对象。

有时候员工之间差别不大，相互之间的比较意愿比较低，为了强化比较给员工带来的感觉，团队管理者可以通过强制排名来实现员工之间的比较。

小贴士

比较激励源于人们期望获得存在感、渴望获得别人认同的底层心理。然而在通常情况下，认同是稀缺资源，员工需要借助与他人比较中的优胜来获得这种存在感。团队管理者可以借助这种“比较的力量”来激发员工的正面行为。

7.2.2 压力激励：有压力才有动力

问题场景

1 前阵子我们做了一次减轻员工压力的活动，所有团队管理者不能给员工设置高目标，想借此提升员工满意度，从而提高员工的积极性。

2 结果怎么样？有效果吗？团队有什么好处吗？员工因此而工作积极性更高了吗？

3 并没有……虽然员工的工作压力越来越轻，但员工的干劲儿也一直在减弱。

4 员工的工作压力过大或过小对团队来说都不利，应当将其保持在适当的水平。

5 我也发现了，虽然减轻工作压力会让员工的满意度提高，但员工的工作积极性反而会降低。

6 给员工一定的压力，同样也是激励员工的有效方式，这叫压力激励。

问题拆解

团队管理者应当学会管理员工的压力，保证员工有一定的工作压力，而不是一味减少员工的压力。给员工减压是好事，可如果一味给员工减轻工作压力，不仅不会让员工工作更积极，反而容易使员工滋生惰性，给团队造成负面效果，让员工获得不努力付出的理由。

方法工具

工具介绍

压力激励

没有压力，就没有动力。有些时候，压力也能够起到正面效果。压力能够激励员工行动，使员工保持警惕，让员工有动力更好地完成工作。管理者通过给员工创造适当的压力，能够有效激发团队的活力，不断地促进员工采取行动。

常用压力激励的 5 种压力来源

管理者对员工工作的数量要求、质量要求、时间要求、成本要求等都是对员工施加的压力，这是员工最基本的压力来源。

每个人都有融入群体的偏向，群体行为对员工个体同样会形成压力。运用群体行为，能够给员工施加无形的压力。

员工的家庭成员会给员工压力，团队管理者做好对员工家庭成员的服务，能有效增强员工的忠诚度，借助员工的家庭成员给员工好好工作的压力。

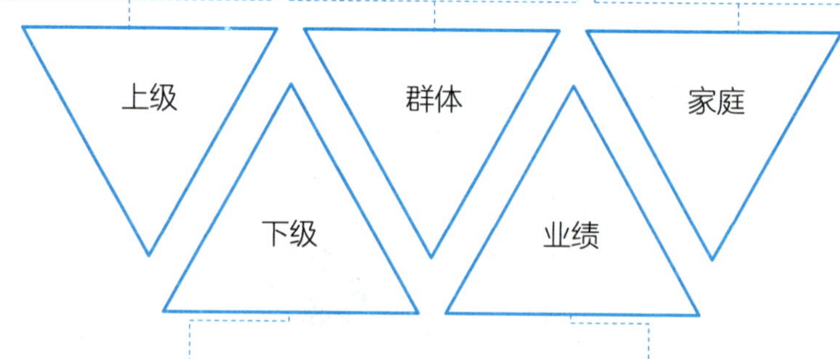
上级
群体
家庭
下级
业绩

对于带团队的管理者来说，下级员工会给其带来压力。团队成绩与员工利益的关联性越大，管理者的压力越大。

岗位工作的业绩要求、岗位胜任的要求、岗位发展的要求，都会对员工形成压力。业绩达成与员工利益的关联性越大，员工的压力越大。

应用解析

压力激励的 5 种表现形式

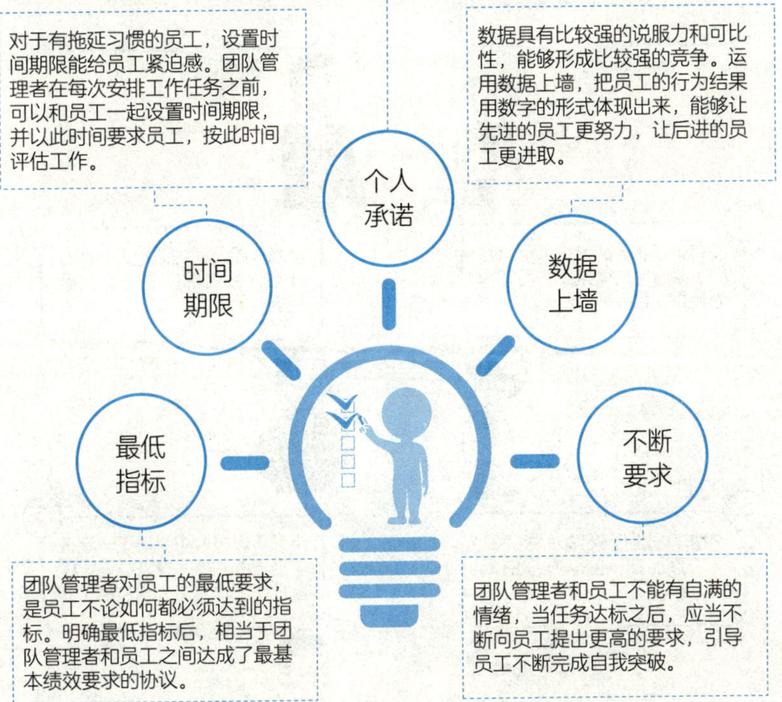
员工对预期目标的承诺是一种有效的压力激励形式。员工承诺过的事情对员工的影响比较大，员工期望实现自己的承诺，愿意为了实现自己的承诺付出一定的努力。
对于有拖延习惯的员工，设置时间期限能给员工紧迫感。团队管理者在每次安排工作任务之前，可以和员工一起设置时间期限，并以此时间要求员工，按此时间评估工作。
个人承诺
数据具有比较强的说服力和可比性，能够形成比较强的竞争。运用数据上墙，把员工的行为结果用数字的形式体现出来，能够让先进的员工更努力，让后进的员工更进取。
时间期限
数据上墙
最低指标
不断要求
团队管理者对员工的最低要求，是员工不论如何都必须达到的指标。明确最低指标后，相当于团队管理者和员工之间达成了最基本绩效要求的协议。
团队管理者和员工不能有自满的情绪，当任务达标之后，应当不断向员工提出更高的要求，引导员工不断完成自我突破。

小贴士

每个人都有自己的舒适区、最佳压力区和恐惧焦虑区。在舒适区，人们感觉很舒服，一旦离开了这个区域就会感到不舒服。刚踏出舒适区，是最佳压力区，是人们可以通过自己的学习和努力来适应的区域。如果再向外扩展，将进入恐惧焦虑区。在这个区域，人们把大部分精力都用于应对自己的焦虑和恐惧情绪，没有精力来学习和努力。

7.2.3 危机激励：与团队共同进退

问题场景

1
现在市场变化太快，顾客的需求很难捉摸，虽然我创业比较成功，但不知道未来发展会怎么样。

2
你团队的员工也有你这样的焦虑吗？

3
没有，我看大家过得都挺自在的，最着急的就是我，可能因为我是创始人吧。

4
虽然你是公司的创始人，但为什么这种焦虑你要一个人承担呢？

5
这种焦虑难道还能被分担不成？员工真的在乎团队发展的危机吗？

6
当然可以被分担，员工一定在乎自己的利益，可以尝试把团队危机和员工个人利益相关联。

问题拆解

团队管理者一般具备危机意识，但很多员工不一定能感受到这种危机。很多员工由于工作稳定、收入稳定、奖金稳定，安全感充足，甚至可能因此滋生懒惰，失去提升自己的动力。在市场环境瞬息万变的情况下，员工过分的安全感，反而可能会给团队带来隐患。

方法工具

工具介绍

危机激励

危机激励指通过激发员工的危机意识，让员工产生危机感和紧迫感，从而对员工形成的激励。“生于忧患，死于安乐”，忧患意识、危机意识能够有效应对员工的惰性，激发员工的活力。

没有危机意识的团队是危险的。当人们认为自己站在顶点时，很可能无论怎么走，都是下坡路。战战兢兢、如履薄冰不仅是一种自我保护状态，更是一种长久生存发展的策略。

危机激励的三大维度

团队管理者可以向员工灌输团队经营层面的危机，随着市场竞争的日趋激烈，团队存续本身就是一个比较大的问题。当团队出现危机，员工同样会出现问题。只有全体员工共同努力，才可能让团队稳定存续发展，越来越强大。

团队
个人
产品

团队的产品要持续经过市场和用户的检验，如果顾客对产品的性能不满意，产品的质量不过关，产品将会出现危机。团队依靠产品赢利，如果产品出现危机将导致团队出现危机，进而导致员工的危机。

员工的薪酬待遇是员工重要的收入来源，员工的职业发展直接影响着员工的薪酬待遇。如果员工的工作质量有问题，将导致员工的职业发展和薪酬待遇出问题，造成员工个人的危机。“今天工作不努力，明天努力找工作”就是这个道理。

应用解析

激发员工危机意识的 4 种常用方法

“物竞天择，适者生存”是自然界的基本法则，也可以成为团队管理者实施员工激励的基本法则。员工通过竞聘上岗，择优录取，正是对这个法则的落实，形成“能者上，平者让，庸者下”的团队用人法则。

任期制度是对岗位任职期限的规定。任期满后，根据任职期间的业绩来评判员工是否能够继续下一个任期。任期过程中的评价同样可以影响员工任期的延续。

竞聘上岗
任期制度
外来人才
文化灌输

外来人才既是对团队组织能力的补充，也是一种对现有人才的威胁。鲶鱼效应讲的正是用外部人才激励内部人才的道理。这种激活效应可以在团队中运用并收获很好的效果。团队管理者为了实现管理目标，可以运用鲶鱼型人才。

团队管理者应在平时工作中向员工灌输危机意识，包括团队、产品和员工个人的危机，只有人人为团队付出，做好内部管理，做出能够满足市场和用户的质量过关的产品，才能让团队稳定地存续发展。

小贴士

危机实际上是客观存在的，而不是团队管理者创造出来或凭空想象出来的。正是因为团队能够不断战胜危机，才能得以存续和发展。危机激励的正确做法，应是团队管理者让员工意识到危机、感受到危机、重视危机，而不是刻意夸大危机。夸大的、虚假的危机只会让员工心生反感。

7.3 善用荣誉：精神资产创造员工驱动

荣誉是团队管理者可以提供给员工的一种精神资产，对员工激励能够起到积极正面的作用。荣誉激励是一种成本较低，但效果较好的员工激励方法。常见的荣誉激励方法有榜样激励、创造荣誉和分享荣誉。

7.3.1 榜样激励：引领行动督促成长

问题场景

1
前阵子我召集团队管理者讨论员工行为规范，就是员工该做什么，该倡导员工做什么，但讨论到最后也没有形成明确的标准。

2
为什么这么难形成标准？

3
因为大家说的行为太具体，太多了，可如果总结下来，又太抽象，可参照性比较差。

4
就算行为标准难以制定，可以设立榜样，让员工参照榜样的做法。

5
就是树典型、树标杆、树先进，让员工参照学习吗？

6
是的，树立榜样，也是一种有效的员工激励方式。榜样能够给员工形成无形的行为引导。

问题拆解

很多团队制定再多的行为标准，也不如榜样给员工带来的行为引导作用强烈。员工不一定能时刻记住团队的规定，但员工身边的榜样，却在工作中时时刻刻影响着员工。榜样的行动胜过一切言语和规定，团队管理好榜样，就是管理好行为标杆。

方法工具

工具介绍

榜样激励

榜样激励是通过榜样来激励员工，让员工自发产生团队管理者想见到的行为。榜样就像团队中的一面旗帜，可以起到模范带头作用，能够给员工带来激励效果；榜样也像是员工的一面镜子，映射出其他员工行为上的差距和工作状态上的问题。

榜样应当从员工身边寻找，应当经常出现在员工身边，当员工有迷茫、有行为偏差或不知所措时，可以随时参照榜样的行为。

榜样激励的 3 种形式

团队中最好的榜样就是管理者自己，团队管理者的影响力和表率作用对员工行为的养成有很大的影响。管理者应当以身作则，严于律己，遵守规章制度和行为规范。团队管理者以多高的要求管理自己，才有资格以多高的要求管理员工。

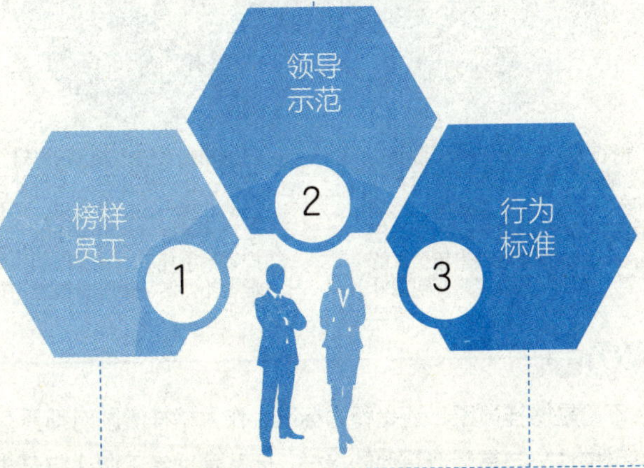
领导
示范
2
榜样
员工
1
行为
标准
3

优秀的员工可以作为榜样。优秀员工通常具备某方面的优秀品质，通常在某方面有突出的贡献。榜样员工要从员工身边寻找，需要起到模范带头作用。榜样员工是优秀员工，但不是每一个优秀员工都可以成为榜样。

榜样不一定非要是人，还可以是一套行为标准。优秀的工作程序和行为标准同样可以成为榜样。行为标准就是正确做法，具体步骤可以被制作成详细、可视化的文稿、表单、图片或视频，并附上操作细节，供员工参照执行。

应用解析

团队管理者应用领导示范榜样激励的 5 种方法

与其一味要求员工，不如以身作则。团队管理者要想通过榜样的力量激励员工，首先要激励自己。管理者想让员工做到的，自己首先要做到。管理者这样做，员工没有理由不做。以身作则能够换来员工对管理者的尊敬，也能够换来员工的行动。

能够承担起责任的管理者才能叫榜样。团队管理者的岗位性质决定了其本身就应当承担团队的责任。有的团队管理者虽然业务能力出众，但一旦出现问题，就把责任全推给员工，有成绩时，却自己独享，这样的管理者很难成为榜样。

管理者想以什么样的标准要求员工，首先应以什么样的标准要求自己。团队管理者“做什么”比“说什么”更重要，行动胜过一切言语。只靠命令，只靠说教，很难改变员工，不如管理者做出来，让员工跟着管理者做的做，而不是跟着管理者说的做。

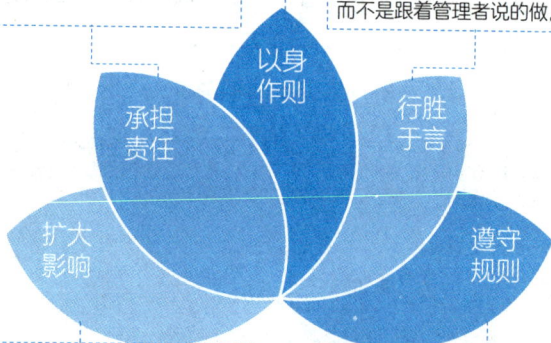

以身作则

承担责任

行胜于言

扩大影响

遵守规则

团队管理者的影响力是一种无形的力量，其影响力的大小决定了管理者作为榜样时，对员工的激励效果。影响力大的团队管理者不仅可以树立自己的威信，而且能够大量减少与员工的沟通成本，员工行为落实的成果更好。

好的规则系统必须人人遵守才能发挥作用。正人先正己，要想让员工按照团队的规则和标准做事，团队管理者自己首先要严格遵守规则。团队中的规则系统能不能发挥作用，与团队管理者如何对待规则有很大的关系。

小贴士

不论是榜样员工，还是行为标准，作为榜样激励时都具有一定的不可控性。与其创造其他的榜样，团队管理者不如让自己成为员工的榜样。这样做的好处是每当管理者在工作中出现，就意味着榜样出现。员工在管理者的团队工作，可以时时想起管理者，处处以管理者为榜样，行为激励效果更强。

7.3.2 荣誉激励：无中生有创造激励

问题场景

1 有时候管理者对员工的肯定和赞美不足以激励员工，简单的物质激励和精神激励有时候效果不明显，有没有更强烈的激励手段？

2 你可以用荣誉来做员工激励。

3 可惜我们目前的优秀员工评选是一年一度的，似乎周期有点长。

4 确实周期太长。就算当前没有荣誉，我们也可以创造荣誉嘛。在可以设计荣誉的环节，把荣誉设计全面。

5 对，无中生有，规则都是人定的，可以根据需要随时调整！

6 不要吝惜给员工荣誉，要想让荣誉起到激励作用，要有大有小，有远期有近期。

问题拆解

很多公司给员工提供的荣誉太少，除了例行公事的优秀评选之外，没有其他荣誉。荣誉能够起到激励员工的效果。荣誉做不好，是一种对精神资源的浪费。精神资源不占用实际成本，却能够通过激励员工，为公司创造价值。学会挖掘这种精神资源，有助于帮助公司用更低的成本，创造更大的价值。

方法工具

工具介绍

创造荣誉

荣誉是团队管理者因为员工的工作态度、工作能力或工作绩效给员工提供的一种精神奖励。获得荣誉的员工能够享受到这种精神激励给自己带来的满足感，没有获得荣誉的员工能够被这种满足感所吸引，进而追求这种满足感。

荣誉是一种能够被团队管理者创造的精神资产，它可以被团队管理者像发放货币一样，发放给员工。荣誉的时间周期可长可短，一般常见的有每天、每周、每月、每季度、每半年、每年、每 3 年或每 5 年。

团队中常见的 7 种荣誉类别

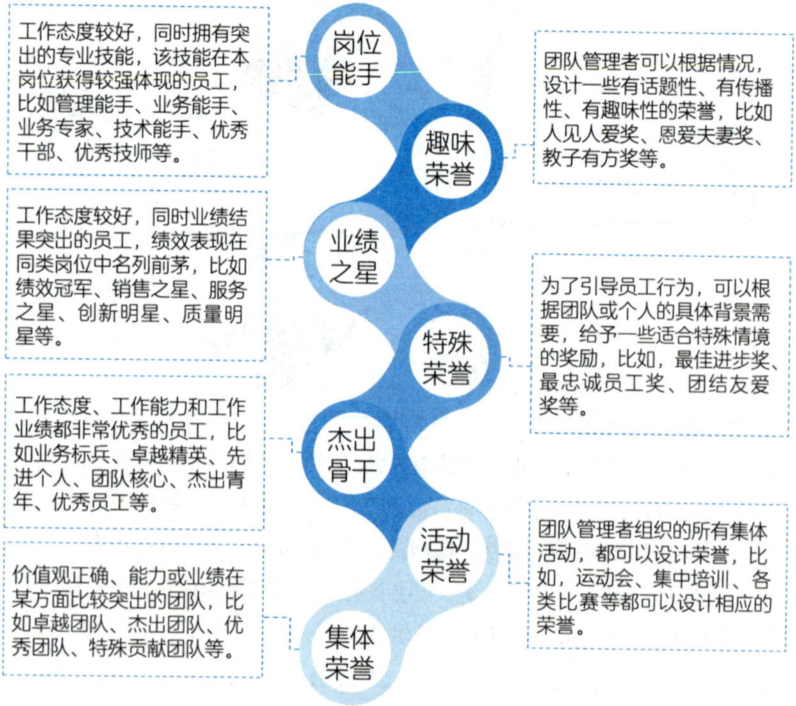

岗位能手：工作态度较好，同时拥有突出的专业技能，该技能在本岗位获得较强体现的员工，比如管理能手、业务能手、业务专家、技术能手、优秀干部、优秀技师等。

趣味荣誉：团队管理者可以根据情况，设计一些有话题性、有传播性、有趣味性的荣誉，比如人见人爱奖、恩爱夫妻奖、教子有方奖等。

业绩之星：工作态度较好，同时业绩结果突出的员工，绩效表现在同类岗位中名列前茅，比如绩效冠军、销售之星、服务之星、创新明星、质量明星等。

特殊荣誉：为了引导员工行为，可以根据团队或个人的具体背景需要，给予一些适合特殊情境的奖励，比如，最佳进步奖、最忠诚员工奖、团结友爱奖等。

杰出骨干：工作态度、工作能力和工作业绩都非常优秀的员工，比如业务标兵、卓越精英、先进个人、团队核心、杰出青年、优秀员工等。

活动荣誉：团队管理者组织的所有集体活动，都可以设计荣誉，比如，运动会、集中培训、各类比赛等都可以设计相应的荣誉。

集体荣誉：价值观正确、能力或业绩在某方面比较突出的团队，比如卓越团队、杰出团队、优秀团队、特殊贡献团队等。

应用解析

团队管理者创造荣誉的 5 点技巧

少数人
能获得
用好听的
头衔
全面
设计荣誉

最大化的传播

家属共同参与

全面设计荣誉：荣誉可以根据品类、周期和功能3个层面进行系统化的有序设计。一般来说，在同一个周期下、同一个品类中，同一种功能性的荣誉只需一种。

少数人能获得：荣誉虽然占用的财务成本较小，但也应当设计成少数员工才能够获得的精神奖励，不然荣誉将失去激励效果。同种荣誉的获取占比一般应控制在有资格获得这类荣誉员工总人数的20%以内。

用好听的头衔：不是每个员工都可以获得荣誉，但好听的头衔可以给每个员工。好听的头衔没有成本，不会增加员工的实际权力或减少管理的权力，却能够给员工较大的荣誉感和满足感。

最大化的传播：员工不仅期望获得荣誉，还期望自己的荣誉被他人知道。员工感受到自身获得荣誉扩散的范围越大、知道的人越多，员工的感受越强烈。

家属共同参与：让荣誉成为员工社会网络中的一种“社交货币”，为员工创造精神价值。家庭是员工最重要的社会网络组成，当荣誉和员工家人相关联时，荣誉的效果将被放大。

小贴士

创造荣誉就像发行“精神货币”，当这种“精神货币”发行量较少时，其精神价值较高，对获得员工的激励性也较强；当这种“精神货币”发行量较多时，会产生“通货膨胀”，“精神货币”的价值和效用将会变弱。所以，荣誉不能随意创造，也不是创造得越多越好。

7.3.3 共享激励：分享荣誉扩散激励

问题场景

1 荣誉既然只让少数人获取，可能会存在长期什么荣誉都没有获得的员工。他们长期看到别人获得荣誉，会不会对他们起到反效果？

2 要说完全没有反效果那是自欺欺人，但对于这种情况一方面不必过分考虑，另一方面也可以采取措施尽量规避。

3 采取措施尽量规避，指的是什么措施呢？

4 一种措施是在荣誉管理的时候尽量涵盖所有的优秀员工，还有一种措施是分享荣誉。

5 荣誉还可以分享？是说团队获得集体荣誉的时候吗？

6 不仅是集体荣誉，还有很多情况可以分享。通过分享荣誉，让没有获得荣誉的员工和荣誉间接产生关联，进而产生获得荣誉的效果。

问题拆解

荣誉是精神资产，不是一成不变的物品。既然是精神资产，就可以传递，可以变化，可以发展。分享荣誉不会让获得荣誉的人体验感减少，不会让荣誉的总量变少，反而会增加荣誉的总体感受，增加荣誉给团队带来的价值。

方法工具

工具介绍

分享荣誉

荣誉不仅可以被创造，而且可以被分享。分享荣誉意味着扩大荣誉的正面效应，意味着让更多人获得荣誉或者获得荣誉感。分享荣誉也能在一定程度上减少原本没有获得荣誉员工的失落感。

荣誉因为是精神资产，不像实物资产一样数量与质量比较明确。当人们彼此各有一个苹果，交换之后，依然还是彼此各有一个苹果。可当人们各有一份荣誉，彼此分享之后，将各有两份荣誉。分享荣誉就像分享“精神货币”，因为这种货币是精神层面的，所以不会减少，反而会增加。

可以分享荣誉的 3 种场景

集体荣誉是因为团队成绩获得的荣誉。团队是一个整体，当团队获得荣誉之后，团队管理者不应得意忘形，忘乎所以，这种情况必须分享荣誉，不能独揽荣誉。

集体荣誉

个人荣誉

业绩荣誉

就算不是集体的荣誉，是团队管理者或某员工的个人荣誉，但获得荣誉与团队有一定关系，团队管理者或该员工也可以主动与其他员工分享个人荣誉。

业绩产生的过程如果与多人相关，但只有一人获得荣誉，或者与多个团队有关，但只有一个团队获得荣誉时，获得荣誉者可以主动与他人分享。

应用解析

团队管理者分享荣誉的 5 种方法

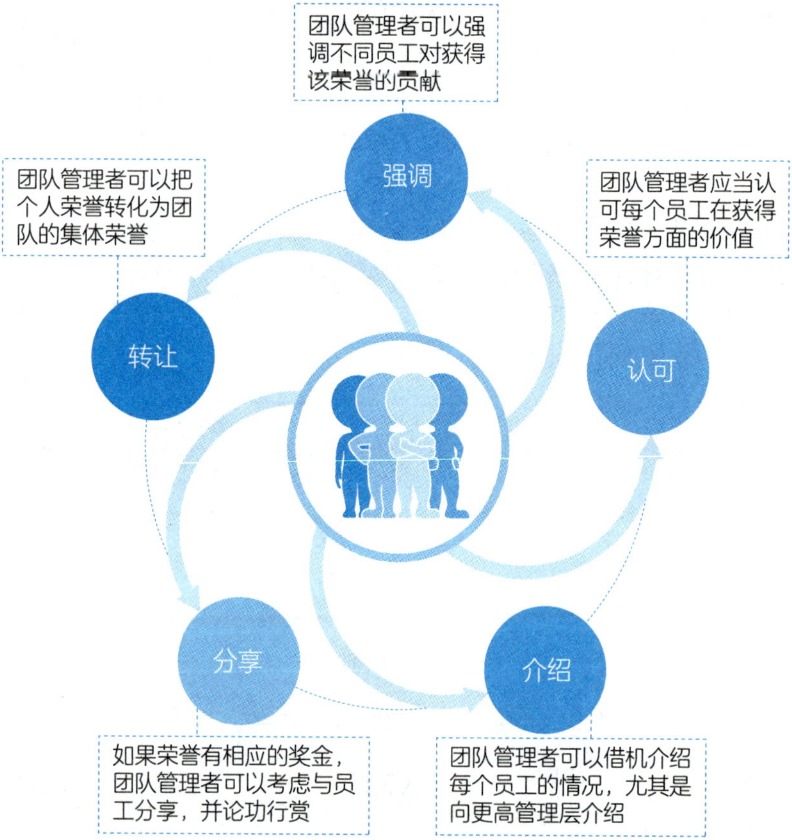

团队管理者可以强调不同员工对获得该荣誉的贡献

强调

团队管理者可以把个人荣誉转化为团队的集体荣誉

转让

团队管理者应当认可每个员工在获得荣誉方面的价值

认可

分享

如果荣誉有相应的奖金，团队管理者可以考虑与员工分享，并论功行赏

介绍

团队管理者可以借机介绍每个员工的情况，尤其是向更高管理层介绍

小贴士

团队管理者如果一味独享荣誉，可能引起员工的反感。团队管理者主动分享荣誉是体现管理者领导智慧的行为。分享荣誉甚至转让荣誉，不仅不会减少团队管理者的实际荣誉，而且还会收获员工的尊敬。